AF568443
Kreuz As
www.reederei-wolff.de
05600430

Passagierdampfer
ZEHDENICK
1891 / Schmidt, Küstrin / 32,00 x 4,68 m / 90 PSi / 400 Personen
Erbaut als Güterdampfer für Nobiling, Berlin, 27,0 x 4,5 m; 1906 Umbau zum Passagierdampfer, 280 Personen; 1915 **HINDENBURG**; 1925 verlängert und Salonaufbau, **SCHNEEWITTCHEN** [Foto: 10.9.1929]; 1953 VEB Deutsche Schiffahrts- und Umschlagsbetriebe, Berlin; 1956 VEB Fahrgastschiffahrt, Berlin; 1964 abgewrackt.

Bernd Schwarz und Manfred Bluhm

Berliner Fahrgastschiffe

Vom Raddampfer zum Solarboot – Die Geschichte von den Anfängen bis heute

SUTTON

Einband vorn: Fahrgastmotorschiff **ELBE**
1926 / Ertel, Woltersdorf / ca. 20 x 3,78 m / 30 PSe / 140 Personen
Erbaut für Julius und Georg Kutzker, Alt-Buchhorst; 1926 Umbau, geschlossener Salon; 1937 erneuter Umbau, 23,82 m; 1949 50 PSe, 171 Pers.; 1974 60 PSe, 151 Personen; 1956 unter Regie der Weißen Flotte, Berlin; 1993 gepachtet durch Stern und Kreisschiffahrt GmbH, Berlin; 199. Einsatz unter eigener Regie [Foto: 25.7.2014]; 2023 in Fahrt.

Vorsatz: Fahrgastmotorschiff **KREUZ AS**
1929 / Wiemann, Brandenburg (248) / 35,00 x 5,25 m / 110 PSe / 400 Personen
Erbaut für Otto Schmidt, Berlin, Umrüstung zum Kabinenschiff möglich; 194. versenkt durch Fliegerbombe, gehoben; 1957/58 Umbau (39,80 x 5,60 m, 148 PSe, 550 Personen); 1963 Karl-Heinz Winkler, Berlin; 7.1974 Horst Schlenther, Berlin; 1982 Umbau, 240 Personen; 1990 Umbau; 2004 Roderich Wolff, Berlin; 2023 in Fahrt.

Nachsatz: Doppelschraubenfahrgastmotorschiff **ERNST REUTER**
1957 / Teltow-Werft, Berlin-Zehlendorf (253) / 36,68 x 7,95 m / 2 x 102 = 204 PSe / 700 Personen
Erbaut für Stern und Kreisschiffahrt, Berlin; 1984 Umbau (38,68 x 7,95 m, 450 Personen); 2000 erneuter Umbau, 275 Personen [Foto: 20.7.2019]; 2023 in Fahrt.

Einband hinten: Fahrgastmotorschiff **FEENLOB**
1928 / N.V. Noord-Nederland. Scheepswerven, Groningen / 25,50 x 5,00 m / 75-90 PSe / . Personen
Erbaut für Paul Tempelhof, Berlin-Plötzensee [Foto: ca. 1933]; 1946 Albert Krenz, Berlin, Umbau (28,50 m, 120 PSe), **BARBARA**; 1955 Otto Schmidt, Berlin, erneuter Umbau (36,50 m, 330 Personen), **PIK AS**; 1963 gechartert und 1966 gekauft von Hans Liptow, Berlin; 1973 nach Ausbau des Motors Gaststättenschiff, Urbanhafen, Berlin; 1976 Reederei Heinz Riedel, Berlin; 1993 abgewrackt.

Impressum
Sutton Verlag GmbH
Schweickhardtstraße 1
72072 Tübingen
www.suttonverlag.de

ISBN: 978-3-96303-465-7
Printed in Türkiye by Elma Basim
Gestaltung und Herstellung: Sutton Verlag

Inhalt

Fahrgastmotorschiff TEMPO [→ ILCHEN S. 74].

Vorwort

Vor den Toren Berlins wurde 1816 das erste deutsche Dampfschiff erbaut. Das PRINZESSIN CHARLOTTE VON PREUSSEN getaufte Fahrzeug begründete eine bis in die heutigen Tage fortgeführte stolze Traditionslinie. Das Binnenschiffsregister Berlin war nach dem Hamburger das größte Deutschlands. Dabei durchliefen die in Berlin und Umgebung beheimateten Schifffahrtsbetriebe – ebenso wie das ganze Land – manche historische Brüche. Der gravierendste dürfte der Zweite Weltkrieg mit der anschließenden Teilung Berlins und des ganzen Landes gewesen sein.

Die Geographie des Berliner Raumes mit seinen vielen Wasserläufen einerseits und das stetige Wachsen der Metropole zur Reichshauptstadt ergaben günstige Bedingungen für Gründung und Expansion von Personenschifffahrtsunternehmen. Seit 1816 existierten im Raum Berlin ca. 440 Fahrgastreedereien mit mindestens einem Schiff. Dokumentiert sind bis heute ungefähr 950 Dampf- und Motorschiffe.

Die erste intensivere historische Befassung mit der Thematik erfolgte Anfang der 1940er-Jahre durch Veröffentlichungen des märkischen Heimatforschers Max Rehberg (1882–1945). Er stellte dabei allerdings den Frachtverkehr in den Mittelpunkt und behandelte speziell die Berliner Fahrgastschifffahrt nur am Rande. Den „Durchbruch“ stellte das 1988 von Kurt Groggert (1920–2005) verfasste und vom damaligen Museum für Verkehr und Technik herausgegebene Standardwerk zur Geschichte der Berliner Fahrgastschifffahrt dar. Groggert kann nach dieser profunden Leistung mit Fug und Recht als Nestor der Berliner Schifffahrtshistorie bezeichnet werden. Nach seinem Ableben übernahm Dieter Schubert (1939–2017) einen Teil des Nachlasses und führte zumindest die aktuellen Schifffahrtsnachrichten in den „Berliner Verkehrsblättern“ fort. Im Jahr 2007 publizierte er im Sutton Verlag einen Fotoband mit allen damals aktuell in Berlin im Einsatz befindlichen Fahrgastschiffen.

Die komplette Geschichte der Berliner Fahrgastschifffahrt in einem Buch vorliegenden Umfangs abzuhandeln, ist nicht möglich. Ziele dieses Buches sind:

- dem verkehrshistorisch interessierten Leser die Geschichte der Berliner Fahrgastschifffahrt in einer Kurzfassung darzustellen. Der Potsdamer Bereich nach 1945 bleibt hierbei unbehandelt.
- die Schicksale ausgewählter Schiffe anhand von Beispielen wiederzugeben. Hierfür werden einerseits für Berlin typische Bauten dargestellt, andererseits aber auch Fahrzeuge, die im bisherigen Schrifttum oftmals nur am Rande erwähnt wurden.
- Veränderungen in der Berliner Personenschifffahrt nach dem Erscheinen des Schubert-Bandes 2007 aufzuzeigen.
- den Schiffsbestand der Berliner Reedereien mit Stand 31.12.2023 zu dokumentieren.

Unser ganz besonderer Dank gilt Herrn Gerhard Fiebiger (Bad Segeberg), dem wir einen erheblichen Teil des Fotomaterials verdanken.

Halle (Saale) und Berlin, im März 2024
Bernd Schwarz und Manfred Bluhm

Fahrzeugbeschreibungen

Die Anordnung der Schiffe erfolgt innerhalb der einzelnen Typen in chronologischer Reihenfolge.

Aus Platzgründen werden die Fahrzeugbeschreibungen in Kurzform gebracht:

- Typ **NAME**
- Baujahr / Bauwerft, Bauort (Bau-Nr.) / Länge x Breite / Antriebsleistung. Für Breitenangaben bei Seitenraddampfer gilt: Breite über alles / Breite auf Spant / Personenanzahl.
- Schiffsschicksal, soweit ermittelbar.

Die Schiffe werden unter ihrem ersten in Berlin geführten Namen aufgelistet. Der ist allerdings oftmals nicht mit dem identisch, der das Fahrzeug später populär gemacht hat.

Bildnachweis

Peter Busch: S. 140 o; Gerhard Fiebiger: Einband vorn, Vorsatz, S. 27 u, 99 o/u, 100 u, 110 o, 111, 112, 117 o, 121 u, 122 o, 123 o/u, 124 o, 127 o, 128 o/u, 129 o, 130 o/u, 131 u, 132 o/u, 133 u, 134 o/u, 135 o, 136 o, 137 o, 138 o/u, 139 o, 153, Nachsatz; Geschichtsforum Tegel: S. 11 u, 38 u; Reinhardt Müller: S. 60; Claus Rothe: S. 62 o, 68 o, 129 u; (†) Heinz Trost: S. 27 o; (†) Horst und Richard Woike: S. IV, 4, 21, 25 u, 33 u, 41 o, 48 o, 70 u, 74 u, 75 o, 78 u, 104 o/u, 105 u, 106 u, 107 o/u, 108 u, 109 o, 110 u.

Alle übrigen Abbildungen entstammen den Sammlungen der Verfasser.

Die Anfänge der Berliner Fahrgastschifffahrt

1702 Anfänge eines Personenverkehrs mit Treckschuten im Berliner Raum.

1816 Bau des Mittelraddampfers PRINZESSIN CHARLOTTE VON PREUSSEN durch John Barnett Humphreys, Pichelsdorf, des ersten Dampfschiffes in Deutschland. Die neu gegründete Koeniglich preußische patentierte Dampfschifffahrtsgesellschaft verfügt insgesamt über fünf Dampfschiffe.

1817 *Berlin hat ca. 195.700 Einwohner.*

1828 Gründung der Berliner Dampfschifffahrts-Gesellschaft. Infahrtsetzung des Raddampfers HENRIETTE.

1831 Übernahme der Dampfschifffahrt in und um Berlin durch die Preußische Seehandlung. Die Maschinenbauanstalt und Eisengießerei der Seehandlung in Moabit wird um einen Werftbetrieb erweitert und führt den Bau eiserner Dampfschiffrümpfe in Deutschland ein. 1834/35 wird mit der PRINZ CARL VON PREUSSEN der erste vollständig eiserne Dampfer in Moabit erbaut.

1835 Einsatz des Dampfbootes FRIEDERIKE auf der Oberspree.

1846 Der überregionale Schiffsverkehr muss infolge der Konkurrenz durch die im Ausbau befindlichen Eisenbahnen schrittweise eingestellt werden.

1846 *Berlin hat ca. 408.500 Einwohner.*

1848 Bau des Raddampfers CONSTITUTION als Zubringer zur Maaß'schen Badeanstalt an der Oberspree.

1849 Der 1844 erbaute Passagierraddampfer ALEXANDRIA wird als Yacht vom preußischen Königshaus übernommen.

1853 Erste Ausflugsfahrten des durch die Berliner Maschinenfabrik und Eisengießerei Carl Hoppe erbauten Vierschraubendampfers MARIE LOUISE. Er übernimmt den bisherigen Verkehr des 1847 erbauten Dampfbootes IRIS.

1859 Einsatz des eisernen Schraubendampfers WALDEMAR für den Badeanstaltsbesitzer Louis Sachse.

Mittelraddampfer **PRINZESSIN CHARLOTTE VON PREUSSEN**
1816 / Humphreys, Pichelsdorf / 40,54 x 5,89 m / 14 PSn / 300 Personen
Erbaut für Koeniglich preußische patentierte Dampfschifffahrtsgesellschaft, Berlin; erstes in Deutschland erbautes Dampfschiff; 1819 außer Dienst; 1825 abgewrackt.

Seitenradpassagierdampfer **ALEXANDRIA**
1844 / Maschinenbauanstalt, Berlin-Moabit / 38,71 x 7,44/4,2 m / 32 PSn / . Personen
Erbaut für Preußische Seehandlung, Berlin; 11.1849 Königliche Matrosenstation Potsdam als Dampfyacht; 1887 F. Benz, Havelberg, **ANNA**, Umbau Seitenradschleppdampfer; 1916 Otto Benz, Havelberg; 10.1921 Otto Benz & Söhne, Hamburg; 11.1925 Friedrich Flügge, Küstrin-Neustadt, **GERTRUD**; 1929 Max Strache, Küstrin, **BRUNO**; 1944/45 noch vorhanden.

Die Berliner Fahrgastschifffahrt in der Gründerzeit (1860–1885)

1861 *Erweiterung des Stadtgebietes, Berlin hat nun ca. 480.000 Einwohner.*

1864 Die Stettiner Reederei Wittenberg & Kühl tritt mit vier Dampfern in die Berliner Fahrgastschifffahrt ein. Kurze Zeit später folgen weitere drei. Das Unternehmen fusioniert mit Louis Sachse zur Actiengesellschaft für die Dampfschifffahrt in Berlin und Cöpenick, woraus der Berliner Dampfschifffahrts-Verein (auch Dampfschiffs-Verein) entsteht.

Spree-Dampfschifffahrt.

Sonntag den 3. Juli
Morgens

Vergnügungsfahrt

mittelst Dampfer
nach der **Wendischen Spree** und dem **Langen See.**
Aufenthalt in **Grünaue** circa 1 Stunde.
Abfahrt von der Jannowitzbrücke Morgens 7 Uhr;
Rückkunft gegen 12 Mittags Mittags.
Das Billet (Hin- und Rückfahrt) kostet 10 sgr.
Zur Bequemlichkeit des Publicums werden nur 70 Billets pro Dampfer ausgegeben und in unserem Comtoir, Brückenstr. 3, von Morgens 8 bis Abends 9 Uhr sowie an der Jannowitz-Brücke verkauft.

Nachmittags

4 Dampfer **ununterbrochen** zwischen **Berlin** — Stralow — Treptow — Eierhäuschen — Neuen Krug — Hammelstall — **Cöpenick**; Dampfer **Victoria** nur zwischen **Berlin** — Stralow — **Treptow.**
Letzte Abfahrt von Cöpenick Abends 8 Uhr.
Fahrmarken an der Jannowitzbrücke und auf den Stationen.
Ohne Marken dürfen die Schiffe nicht betreten werden.
Abonnements-Billets sind an Sonntagen nicht gültig.
Um Irrthümer zu vermeiden wolle jede Person ihre Marke eigenhändig abgeben.

Wittenberg u. Kühl.

„Berliner Gerichts-Zeitung“ vom 2. Juli 1864.

1864 Gründung der Reederei A. H. Berndt, Potsdam, mit drei Passagierdampfern.

1865 Gründung der Reederei August Gebhardt, Potsdam.

1865 Der Berliner Dampfschifffahrts-Verein erteilt der Stettiner Maschinenbau-Actien-Gesellschaft „VULCAN“ den Auftrag über den Bau von drei Passagierdampfern. 1870 und 1876 folgen vom gleichen Typ drei weitere Schiffe.

1866 Der Berliner Dampfschifffahrts-Verein firmiert jetzt als Berliner Dampfschifffahrts-Gesellschaft.

1867 *Berlin hat ca. 702.400 Einwohner.*

1869 August Gebhardt übernimmt zwei Schiffe von A. H. Berndt.

1874 Gründung der Neu-Babelsberger Terraingesellschaft Ende & Böckmann. Diese Immobiliengesellschaft bringt 1876 ihren Dampfer BABELSBERG in Fahrt. 1891 folgt ein zweites Schiff.

1875 *Eröffnung der Wannseebahn.*

1875 Gründung der Reederei Paul Haberkern in Spandau. Sie setzt zwei Dampfern auf dem Tegeler See ein.

1876 Infahrtsetzung des Dampfschiffes NIXE mit 180 Passagieren für C.S. Herz zwischen Alsenbrücke und Charlottenburg.

1877 *Berlin hat über 1.000.000 Einwohner.*

1877 Gründung der Rüdersdorfer Dampfschifffahrts A.G. Das Fahrgebiet erstreckt sich bis zum Müggelsee.

1877 Der Havelberger Obsthändler Carl Strohkorb setzt zwei Dampfer kurzzeitig in Berlin ein.

1880 Bau einer großen Anlegestelle an der Jannowitzbrücke.

1881 *Aufnahme der Pferdestraßenbahnverbindung nach Tegel.*

1881 Gründung der Petroleum-Dampfer A. & C. Holtz, Tegel. Carl Holtz war Werkmeister bei der Egell'schen Maschinenfabrik Tegel.

1882 Friedrich Nobiling wird stiller Teilhaber des Stettiner Dampfschiffsunternehmers Oskar Henckel. 1885 gründete Henckel eine Reederei für den Verkehr auf der Strecke Berlin–Oranienburg–Liebenwalde–Zehdenick. 1887 firmiert man als Henckel & Hachez, ein Jahr später als J. Hachez Dampfschiffs-Reederei. Es wird Fracht- und Passagierschifffahrt betrieben.

1883 Die 1879 gegründete Berliner Krahn-Gesellschaft H. Bachstein & Comp. tritt mit vier Dampfern in die Fahrgastschifffahrt ein.

1885 Die neu gegründete Stralauer Dampfschiffahrts-Gesellschaft Manthey, Wolff & Zwerner gibt ihren ersten Dampfer in Auftrag. Kurze Zeit später folgen zwei Schwesterschiffe.

Passagierschraubendampfer **BERLIN**
1864 / Kesseler, Greifswald / 17,50 x 3,00 m / 30 PSi / 120 Personen
Erbaut für Wittenberg & Kühl, Berlin; 1888 SHDG „Stern", Berlin; *ungesichert: 1899* **VINETA**; *5.1921 Willi Tempelhof, Eberswalde; 2.1922 Richard Stahlberg, Steinfurth.*

Passagierschraubendampfer **FORTUNA**
1865 / Kesseler, Greifswald / . x . m / 50 PSi / 195 Personen
Erbaut für A. H. Berndt, Berlin; 1869 August Gebhardt, Potsdam; 1888 SHDG „Stern", Berlin; 4.1897 Elise Wernicke, Magdeburg; 5.1902 Carl Dietrich, Tegelort b. Berlin.

Passagierschraubendampfer **SOPHIE**
1875 / Hamburg / 16,50 x 2,80 m / 55 PSi / 150 Personen
Erbaut für Spandauer Dampfschiffahrts-Gesellschaft Paul Haberkern, Spandau; 1900 Spandauer Dampfschiffahrts-Gesellschaft Oberhavel und Tegeler See, Spandau; vor 1902 Umbau zum Glattdecker [Foto: nach 1902]; 1907 SHDG „Stern", Berlin; 1914 zuletzt erwähnt.

Passagierschraubendampfer **EINTRACHT**
1877 / Maschinenbauanstalt, Dresden-Neustadt (49) / 14,00 x 2,60 m / 12 PSi / . Personen
Erbaut für Rüdersdorfer Dampfer-AG, Rüdersdorf; Verbleib nach 1902 unbekannt.

Passagierschraubendampfer **BABELSBERG**
1876 / Maschinenbauanstalt, Dresden-Neustadt (42) / 20,00 x 3,80 m / 35 PSi / 149 Personen
Erbaut für Neu-Babelsberger Terraingesellschaft Ende & Böckmann [Bild oben: erste Bauform]; 1903 Teltower Kreisschiffahrt, Berlin [Bild unten, vorn: zweite Bauform nach Umbau]; 1934 Stern und Kreisschiffahrt, Berlin; 1947 Umbau auf Teltow-Werft; 1948 VEB Deutsche Schiffahrts- u. Umschlagbetriebe, Berlin; 1956 außer Dienst, ohne Maschine nach Bad Berka, Station „Junge Naturforscher"; nach 1997 abgewrackt.

Schiffe der VULCAN-Klasse

Passagierschraubendampfer **AUGUSTA**
1865 / Vulcan, Bredow (52) / 23,67 x 4,08 m / 80 PSi / 120 Personen
Erbaut für Berliner Dampfschiffs-Verein; 1866 Berliner Dampfschifffahrts-Gesellschaft, Berlin; 1888 SHDG „Stern", Berlin; 1913 verkauft; 4.1920 Gottlieb Zimmermann und Karl Bobber, Pletzkendorf bei Tiegenhof; 3.1931 Martin Schmidt, Grenzdorf; 1945 in Danzig versenkt; 1946 polnisch, gehoben und repariert; 1948 Państwowa Żegluga na Wiśle, Gdańsk, **OLSZTYN**; 1949 Państwowa Żegluga Śródlądowa, Wrocław; 1951 P.P. Żegluga na Wiśle, Gdańsk, **NORBERT BARLICKI**; 1956 P.P. Bydgoska Żegluga na Wiśle, Bydgoszcz; 1957 P.P. Żegluga Gdańska, Gdańsk; 1966 außer Dienst; 1968 abgewrackt.

Passagierschraubendampfer **BORUSSIA**
1866 / Vulcan, Bredow (53) / 23,67 x 4,08 m / 60 PSi / 140 Personen
Erbaut für Berliner Dampfschifffahrts-Gesellschaft, Berlin; 1888 SHDG „Stern", Berlin; 1913 Fritz Hünicke, Brandenburg, **HAMBURG**; 12.1941 Karl Peschel, Groß-Lübs und Otto Wernsdorf, Brandenburg; 3.1942 Berlin, **CAROLUS**; 8.1949 Joachim Schmidt, Berlin, 172 Personen; 11.1952 Karl Heinz Langwaldt, Berlin-Müggelheim und Gerhard Buley, Fürstenwalde, **EINTRACHT**; 3.1960 Erich Schneider, Pumpe, Kr. Spremberg.

Passagierschraubendampfer **VULCAN**
1866, Stettiner Vulcan, Bredow (54) / 23,67 x 4,08 m / 60 PSi / 230 Personen
Erbaut für Berliner Dampfschifffahrts-Gesellschaft, Berlin; 1890 SHDG „Stern", Berlin; 1923 Langwaldt & Schmolke, Berlin-Müggelheim; 1925 Umbau, **HOFFNUNG**; nach 1945 Karl Schmolke, Berlin-Müggelheim; 1959 motorisiert, 200 Personen; 1974 Wohnschiff; 1985 abgewrackt.

Passagierschraubendampfer **SADOWA**
1870 / Vulcan, Bredow (60) / 23,67 x 4,08 m / 90 PSi / 280 Personen
Erbaut für Berliner Dampfschifffahrts-Gesellschaft, Berlin; 4.1912 Trave-Dampfschiffahrts-Gesellschaft, Lübeck; 6.1915 Max Peters, Lübeck; 4.1917 Henry Kongsbak, Lübeck; 6.1917 H. Wagschal, Geestemünde; 9.1917 gesunken.

Passagierschraubendampfer **KRONPRINZ FRIEDRICH WILHELM**
1876 / Vulcan, Bredow (75) / 23,67 x 4,08 m / 50 PSi / 280 Personen
Erbaut für Berliner Dampfschiffs-Gesellschaft, Berlin; 1889 SHDG „Stern", Berlin, **FRIEDRICH WILHELM**; 1922 verkauft.

Passagierschraubendampfer **KRONPRINZESSIN VICTORIA**
1876 / Vulcan, Bredow (76) / 23,67 x 4,08 m / 50 PSi / 280 Personen
Erbaut für Berliner Dampfschiffs-Gesellschaft, Berlin; 1889 SHDG „Stern", Berlin; 1922 verkauft.

Doppelschraubenschlepp- u. Passagierdampfer **BORUSSIA**
1882 / Maschinenbauanstalt, Dresden-Neustadt (137) / 23,5 x 4,25 m / 2 x 37,5 = 75 PSi / . Personen
Erbaut für Frank John Meyer, Berlin, **D. V**; 1882 Berliner Krahn-Gesellschaft, Berlin, **BORUSSIA**; 1911/12 Emma Krüger, Charlottenburg, **WOTAN**; 1916 Militär-Kanal-Direktion I, Brüssel; 1918 in Belgien verblieben.

Doppelschraubenpassagierdampfer **CONCORDIA**
1886 / Aron & Gollnow, Stettin-Grabow (92/206) / 21,95 x 4,55 m / 2 x 12,5 = 25 PSi / . Personen
Erbaut für Manthey, Wolff & Zwerner, Stralau; 1889 SHDG „Stern", Berlin; 193. motorisiert; 1934 Stern und Kreisschiffahrt, Berlin; 1936 80 PSe; 1949 VEB Deutsche Schiffahrts- u. Umschlagbetriebe, Potsdam; 1951 205 Personen; 1957 VEB Fahrgastschiffahrt, Berlin; 3.1959 VEB Verkehrsbetriebe Potsdam; 1974 24,86 x 4,91 m, 209 Personen; 6.1978 abgewrackt.

3

Die Fahrgastschifffahrt wird immer mehr Bestandteil des Berliner Alltages (1886–1918)

1886 Erste Versuchsfahrten mit dem Elektromotorboot ELECTRA der Firma Siemens & Halske.

1887 Nach Außerdienststellung der Kaiseryacht ALEXANDRIA wird ein gleichnamiges Ersatzfahrzeug in Fahrt gebracht.

1888 Gründung der Neuen Dampfschiffahrts-Gesellschaft, Woltersdorf.

1888 8. August: Gründung der Spree-Havel-Dampfschiffahrts-Gesellschaft „Stern" (SHDG „Stern") durch ein Stettiner Konsortium mit Potsdamer und Dresdner Beteiligung. Das Unternehmen übernimmt die Potsdamer Reederei August Gebhardt. Gebhardt wird Direktor.

1889 Die SHDG „Stern" bringt insgesamt sechs Schiffe der KAISER-Klasse und vier Schiffe der PRINZEN-Klasse in Fahrt. Erbaut wurden die Dampfer bei Möller & Holberg in Stettin.
Die Reederei übernimmt die Stralauer Dampfschiffahrts-Gesellschaft Manthey, Wolff & Zwerner, Stralau.
12. Mai: Offizieller Betriebsbeginn der SHDG „Stern" mit 17 Passagierdampfern.

1889 Gründung der Reederei Ewald Frost, Tegel, die 1907 mit Oskar Kosewsky, Tegelort fusioniert. Das Unternehmen existiert bis 1965.

1890 *Berlin hat ca. 1.960.000 Einwohner.*

1890 Friedrich Nobiling übernimmt die J. Hachez Dampfschiffs-Reederei.

1891 *Einführung günstiger Eisenbahntarife für Fahrten in nahe Ausflugsgebiete.*

1894 Gründung der Oberspree-Dampfschiffahrts-Gesellschaft Tismer & Co. Sie eröffnete den Verkehr mit den vier bei Johannsen & Co., Danzig, erbauten Dampfern. Das Unternehmen existiert bis 1922.

1896 Die Berliner Gewerbeausstellung in Treptow gibt große Impulse zur Entwicklung der Fahrgastschifffahrt in Berlin. Mehrere Schifffahrtsunternehmen sind hierfür im Zubringerverkehr aktiv. Der Motorbooteinsatz nimmt zu. Besonders aktiv ist die Motorbootgesellschaft Berlin – Rummelsburg, hinter der die Leipziger Motorenfabrik Grob & Co. steht.

1896 Bei den Howaldtswerken in Kiel werden als Spekulationsbauten sechs Passagierdampfer auf Rechnung des Werftdirektors Heinrich Diederichsen auf Stapel gelegt. Angekauft wird diese Serie von der Anker-Schiffswerft und Rhederei GmbH in Rummelsburg, die 1898 liquidiert werden muss. Die Schiffe werden verkauft. In Berlin drei Fahrzeuge bei der SHDG „Stern".

1896 Die SHDG „Stern" gibt bei den Stettiner Oderwerken die Doppelschraubendampfer OBERBÜRGERMEISTER ZELLE und BAURATH HOBRECHT in Auftrag.

1896 Gründung der Reederei Robert Kieck. Das Unternehmen existiert bis 1960 in Westberlin.

1898 Die Oberspree-Dampfschiffahrts-Gesellschaft Tismer & Co. verkauft ihre vier Passagierdampfer an die SHDG „Stern".

1898 Gründung der Reederei Fritz Kälber, Oranienburg. Das Unternehmen befährt bis 1923 auch den Tegeler See.

1898 Die Reedereien Louis Kahnt und Hermann Hertzer fusionieren zu Kahnt & Hertzer. Das Gemeinschaftsunternehmen verfügt über sechs Dampfer.

1900 Die Berliner Krahn-Gesellschaft H. Bachstein & Comp. stellt ihren Personenverkehr ein.

1901 1. April: Gründung der Spandauer Dampfschiffahrts-Gesellschaft Oberhavel und Tegeler See.

1901 Die SHDG „Stern" befördert erstmals über 1.000.000 Fahrgäste.

1902 Aufnahme des Verkehrs auf den Löcknitzgewässern der SHDG „Stern" mit dem Passagiermotorschiff SATURN. Bis 1905 folgen fünf weitere Fahrzeuge.

1902 Gründung der Reederei Carl Pieper. Die in Verbindung mit einer Badeanstalt stehende Schifffahrt war bis 1916 aktiv.

1903 Die Neu-Babelsberger Terraingesellschaft Ende & Böckmann wird vom Kreis Teltow übernommen. Es kommt zur Gründung der Teltower Kreisschiffahrt.

1903 Gründung der Reederei Bradenberg, Grünau mit Fahrtgebiet Dahme / Grünau. Das Unternehmen existiere bis 1954.

1904 Die SHDG „Stern" bestellt bei den Stettiner Oderwerken fünf Doppelschraubendampfer (THEODOR FONTANE, AD. VON MENZEL, PROF. R. VIRCHOW, GRAF H. MOLTKE, FÜRST O. BISMARCK). Die Reederei setzt in den Jahren vor dem Ersten Weltkrieg in erheblichem Umfang Charterschiffe ein.

1904 Eröffnung des Teltowkanals und Aufnahme des Motorschiffsverkehrs. Das Unternehmen bringt vorerst vier Motorboote in Fahrt. Es folgen bis 1907 vier Doppelschraubendampfer, zwei Einschrauber sowie weitere Motorboote.

1904 Richard Eckner, Grünau nimmt seinen Motorbootsverkehr auf. Seine Schiffe verkehren bis 1957 auf dem Müggelsee.

1904 Versuchsweiser Motorbootbetrieb der SHDG „Stern“ auf dem Scharmützelsee. Das Motorboot wird bald durch den Dampfer V. LÖSCHEBRAND ex COEPENICK ersetzt. Es folgen zwei weitere Schiffe unter dem Namen V. LÖSCHEBRAND.

1904 15. Juli: Gründung der Motorboots-A.G. Kalkberge.

1906 Die Reederei List aus Henningsdorf eröffnet mit mehreren Schiffen einen Schlepp- und Personenschifffahrtsbetrieb. Bis 1938 ist List auf dem Tegeler See aktiv.

1906 Gründung der Reederei Dietrich, Grünau. Das auf der Dahme aktive Unternehmen ist bis ca. 1919 nachweisbar.

1906 Die Teltower Kreisschiffahrt befördert ca. 300.000 Passagiere.

1907 Die Spandauer Dampfschiffahrts-Gesellschaft übernimmt die Reederei Carl Holtz.

1907 15. November: Übernahme der Spandauer Dampfschiffahrts-Gesellschaft „Oberhavel und Tegeler See“ durch die SHDG „Stern“.

1907 Gründung Reederei Alfred Bauer, Friedrichshagen. Sie ist bis 1950 auf dem Müggelsee aktiv.

1908 Gründung der Reederei Albert Waldow in Spandau.

1908 Otto Kagel eröffnet in Wannsee sein Schifffahrtsunternehmen. Seine Fahrzeuge verkehren bis 1973.

1910 Die Reederei Nobiling stellt die Frachtschifffahrt ein. Sie nennt sich jetzt Reederei Nobiling (J. Hachez Nachf.) Passagier-Schiffahrt. Der Personenverkehr wird in erheblichem Maße mit Charterfahrzeugen betrieben.

1910 Gründung der Reederei Kutzker. Der Fahrbereich erstreckt sich hauptsächlich auf den Müggelsee. Das Unternehmen existiert noch heute.

1911 Die SHDG „Stern“ übernimmt ihre bis dahin größten Dampfer LEOPOLD V. RANKE und WERNER V. SIEMENS.

1910 Die Reederei Kläne in Alt-Buchhorst eröffnet den Verkehr mit dem Motorboot RHEIN. Sie existiert bis 1969.

1911 Die SHDG „Stern“ befördert über 3.000.000 Fahrgäste.

1912 Nobiling lässt die LEOPOLD WILHELM zum ersten Berliner Dampfer mit geschlossenem Decksalon umbauen. Verbunden ist das mit der Umbenennung in WINTERMÄRCHEN.

1912 Gründung der Reederei Julius Bachhöfer, Tegel. Der Reeder ist bis 1919 auf dem Tegeler See aktiv.

1913 Bei der Gebr. Sachsenberg AG, Rosslau bestellt die SHDG „Stern" eine Serie von vier großen Passagiermotorschiffen, die sogenannten „Igel".
Im gleichen Jahr stellt die Reederei das Motorschiff TEGEL in Dienst.

1914 Die Teltower Kreisschiffahrt verfügt über neun Dampfschiffe und 13 Motorboote mit einer Kapazität für 4.562 Personen. Die SHDG „Stern" besitzt 55 Dampf- und 13 Motorschiffe.

1914 18. Februar: Auflösung der Rüdersdorfer Dampfschiffahrts-A.G.

1914 Der 1902 begonnene Bau des Neuköllner Schiffahrtskanals kommt zum Abschluss.

1914 Gründung der Reederei Franz Müller und Söhne, Erkner. Das Unternehmen befährt bis 1965 die östlichen Berliner Gewässer.

1914 *1. August: Beginn des Ersten Weltkrieges.*

1914 Ein erheblicher Teil der Berliner Fahrgastschiffe verringern ihre Fahrten infolge des Krieges in den nachfolgenden Jahren.

1916 Gründung der Reederei Karl Hintze, Woltersdorf. Das Unternehmen existiert bis 1966 in Ostberlin.

1917 Während des Ersten Weltkrieges gibt die SHDG „Stern" letztmalig einen Fahrplan heraus. Das Angebot wurde schon in den Vorjahren reduziert.

1918 Gründung der Reederei Franz Baltruschat. Sie ist im Regionalverkehr ab Saatwinkel aktiv.

1918 27. September: Die Motorboot-A.G. Kalkberge geht in Liquidation.

1918 *9. November: Mit dem Waffenstillstand von Compiègne endet der Erste Weltkrieg.*

Elektro-Versuchsboot **ELECTRA**
1886 / Holtz, Harburg (640) / 11,25 x 2,00 m / 7,6 PSe / 50 Personen
Erbaut für Siemens & Halske, Berlin; 1891 auf Elektrotechnischer Ausstellung in Frankfurt/Main vorgeführt; 1894 SHDG „Stern"; 1903 zuletzt erwähnt.

Passagierschraubendampfer **ELISABETH**
1886 / Kesseler, Greifswald / 16,30 x 3,08 m / 10 PSi / . Personen
Erbaut als Passagierdampfer für Rüdersdorfer Dampfschiffahrts-AG, Rüdersdorf; 19.. Robert Rechner, Kalkberge; 1929 motorisiert; ca. 1949 Frieda Reimann, Rüdersdorf, 18 PSe, 92 Personen; 4.1954 VEB Deutsche Schiffahrts- und Umschlagsbetriebe, Berlin [Foto: ca. 1954]; 1.1957 VEB Fahrgastschiffahrt, Berlin; 1966 40 PSe; 3.1967 Erholungsgebiet Talsperre Pöhl, **ELSTERTAL**; 9.1974 abgewrackt.

Doppelschraubendampfyacht **ALEXANDRIA**
1886 / Aron & Gollnow, Grabow (105/230) / 29,40 x 4,76 m / 2 x 70 = 140 PSi / . Personen
Erbaut für Ober-Hofmarschall-Amt, Berlin; 1921 nach Wien verkauft, auf der Wiemann-Werft, Brandenburg in zwei Teile zerlegt und nach Linz transportiert; Umbau auf der Schiffswerft Linz (718) für Mayro Drach, Sisak; 1929 Braun & Piri, Apatin, motorisiert (2 x 60 = 120 PSe), **ALEXANDRA**; 3.1941 jugoslawische Kriegsmarine; 4.1941 auf der Save bei Zabrezje selbst versenkt; 4.1942 durch deutsche Kriegsmarine gehoben und zum Flussminenleger umgebaut; 8.1942 Wachschiff Donauflottille; 5.1945 amerikanische Beute in Linz; 5.1947 an Jugoslawien übergeben, Binnenreederei (Jugoslovensko recno brodarstvo), **RUDNIK**; 1964 Belgrader Kiesbaggerei (Bagersko brodarsko preduzece); 1985 abgewrackt.

Doppelschraubenpassagierdampfer **HERTHA**
1886 / Aron & Gollnow, Grabow (91/205) / 21,95 x 4,55 m / 2 x 12,5 = 25 PSi / 186 Personen
Erbaut für Stralauer Dampfschiffahrts-Gesellschaft Manthey, Wolff & Zwerner, Stralau; 1889 SHDG „Stern", Berlin; 1934 Stern und Kreisschiffahrt, Berlin; 1948 Deutsche Schiffahrts- und Umschlagsbetriebszentrale, Berlin, **SEID BEREIT**; 1956 Umbau; 1.1957 VEB Fahrgastschiffahrt, Berlin; 1965 aufgelegt; 1970/71 Peter Dentler, Wusterhausen/Dosse, Rumpf zum Bau von Passagiermotorschiff **SEEBÄR** verwendet, 150 PSe, 263 Pers.; 2002 **HERTHA**; 17.11.2011 **HERTHA – GRÜNDUNGSSCHIFF VON HERTHA BSC**; 2012 Prignitzer Leasing AG, Putlitz; 2016 Hertha Berliner Sport-Club e.V., Berlin.

Schlepp- u. Passagierschraubendampfer **STRALAU**
1890 / Maschinenbauanstalt, Dresden-Neustadt (263) / 24,00 x 4,00 m / 110 PSi / 270 Personen
Erbaut für C. Zwerner, Berlin; 18.. G. Zachow, Berlin; bis 1907 zeitweise in Charter bei Nobiling, Berlin; 191. **EMMA**; 1916 Lazarettboot, Militär-Kanal-Direktion I, Brüssel; 8.1937 Franz Schlichting, Berlin-Spandau und Werner Schlichting, Parey, zeitweise in Charter bei SHDG „Stern“, Berlin; 196. Köppen, Berlin; 8.1975 abgewrackt.

Doppelschraubenpassagierdampfer **KAISER WILHELM**
1885 / Möller & Holberg, Grabow (195) / 27,35 x 5,10 m / 2 x 45 = 90 PSi / 300 Personen
Erbaut für A. Gebhardt, Potsdam; 1888 SHDG „Stern“, Berlin; ca. 1907 Umbau [Foto: nach Umbau]; 1927 **WEGA**; 1945 im Griebnitzsee durch Kampfhandlungen versenkt; 1949 gehoben und abgewrackt.

Schiffe der KAISER-Klasse (Möller & Holberg)

Doppelschraubenpassagierdampfer **KAISER WILHELM II.**
1889 / Möller & Holberg, Grabow (87/274) / 30,40 x 4,80 m / 2 x 65 = 130 PSi / 291 Personen
Erbaut für SHDG „Stern", Berlin [Foto: vor 1910]; 1910 Umbau; 1927 **PLANET**; 1931 Salonaufbau; 1934 Stern und Kreisschiffahrt, Berlin; 1945 im Griebnitzsee versenkt; 195. gehoben; ca. 1953 abgewrackt.

Doppelschraubenpassagierdampfer **KAISERIN AUGUSTE VICTORIA**
1889 / Möller & Holberg, Grabow (89/276) / 30,40 x 4,80 m / 2 x 65 = 130 PSi / 291 Personen
Erbaut für SHDG „Stern", Berlin; 1923 abgewrackt.

Doppelschraubenpassagierdampfer **KAISERIN AUGUSTA**
1889 / Möller & Holberg, Grabow (90/277) / 30,40 x 4,80 m / 2 x 65 = 130 PSi / 291 Personen
Erbaut für SHDG „Stern", Berlin; 1927 **NORDSTERN**; 1934 Stern und Kreisschiffahrt, Berlin, Kontorschiff; 1945 im Teltowkanal gesunken; 194. gehoben und abgewrackt.

Doppelschraubenpassagierdampfer **KRONPRINZ FRIEDRICH WILHELM**
1889 / Möller & Holberg, Grabow (92/279) / 30,40 x 4,80 m / 2 x 65 = 130 PSi / 281 Personen
Erbaut für SHDG „Stern", Berlin; 1910 Umbau [Foto: nach 1910]; 1927 **KOMET**; 1931 Salonaufbau; 1934 Stern und Kreisschiffahrt, Berlin; 1949 Deutsche Schiffahrts- und Umschlagsbetriebszentrale, Berlin; 1.1957 VEB Fahrgastschiffahrt, Berlin; 1967 abgewrackt.

KAISER FRIEDRICH III. – SIEGFRIED – KAISER FRIEDRICH

In der Berliner Personenschifffahrt wurden nach dem Zweiten Weltkrieg die noch verbliebenen fahrbereiten Dampfer einer nach dem anderen motorisiert bzw. bald abgewrackt. Übrig blieb nur die SIEGFRIED der Reederei Griese. Aber auch dieses Schiff wurde schließlich 1967 außer Fahrt genommen. Die beiden noch gut erhaltenen Dampfmaschinen und der Kessel wurden verschrottet und das Fahrzeug aufgelegt. Die SIEGFRIED verfiel, bis sie 1987 vom Museum für Verkehr und Technik (seit 1996 Deutsches Technikmuseum) mit der Absicht übernommen wurde, sie wieder fahrbereit zu machen. Nach großen Schwierigkeiten und langjährigen Arbeiten konnte das Schiff, nun ausgerüstet mit zwei restaurierten Hochdruckmaschinen sowie einem neuen Dampfkessel und umbenannt in KAISER FRIEDRICH, seine Fahrten aufnehmen. Der Dampfer verrichtete noch einmal ca. 20 Jahre lang seinen Dienst als Personenschiff. Von der ursprünglichen Konstruktion unterschied sich dieser Neuaufbau allerdings erheblich.

Dampfer SIEGFRIED, hier am 12. September 1965.

Doppelschraubenpassagierdampfer **KAISER FRIEDRICH III.**
1889 / Möller & Holberg, Grabow (88/275) / 30,40 x 4,80 m / 2 x 65 = 130 PSi / 291 Personen
Erbaut für SHDG „Stern", Berlin; 1912 Umbau; 1923 Paul David, Meschlewitz, Kr. Breslau; 1923 Josef Schmiade, Breslau; 1929 Fritz und Ernst Griese, Freienbrink, **SIEGFRIED**, fuhr zeitweise in Charter der Reederei Kieck, Berlin; 1936 geschlossener Salon; 1965 in Charter der Stern und Kreisschiffahrt, Berlin; 1968 außer Dienst, Maschinen und Kessel verschrottet; 1987 Museum für Verkehr und Technik, Berlin, Wiederaufbau als Museumsschiff bei den Deutschen Industrie-Werken GmbH, Berlin Spandau; 10.1990 **KAISER FRIEDRICH**; 12.1990–5.1993 Fortsetzung und Abschluss der Arbeiten auf der Schiffswerft Dresden-Laubegast; 27.4.1994 erneute Schiffstaufe, bereedert durch Stern und Kreisschiffahrt, Berlin, wegen Kesselproblemen aber nur kurzzeitig in Fahrt; 4.1996 erneute Fahrtaufnahme; 11.2012 Bereederung beendet, aufgelegt; 2022 Berliner Welle Schiffscharter (Julius Dahmen), Berlin, Wiederaufbau mit Elektroantrieb geplant.

Erneuerungsarbeiten, hier am 9. April 1988 bei den Deutschen Industrie Werken, Berlin-Spandau.

KAISER FRIEDRICH, hier am 10. April 2008 am Anleger Treptow.

Schiffe der PRINZEN-Klasse (Möller & Holberg, Grabow)

Doppelschraubenpassagierdampfer **PRINZ EITEL FRIEDRICH**
1889 / Möller & Holberg, Grabow (111/282) / 17,00 x 4,80 m / 2 x 37,5 = 75 PSi / 160 Pers.
Erbaut für SHDG „Stern", Berlin; 1895–1900 Umbau auf 23,86 x 5,08 m, 180 Personen; 19.. Polenzke, Fürstenflagge; 1923 Gustav Schulz, Stettin, **EITEL FRIEDRICH**; 1945 Heimatort Loitz; 6.1949 Karl Tibow, Usedom, **USEDOM**; 4.1954 VEB Peenewerft, Wolgast, Einsatz als Schlepper; 1955 abgewrackt.

Doppelschraubenpassagierdampfer **PRINZ ADALBERT**
1889 / Möller & Holberg, Grabow (112/283) / 17,00 x 4,80 m / 65 PSi / 160 Personen
Erbaut für SHDG „Stern", Berlin; 1895–1900 Umbau (23,86 x 5,08 m, 180 Personen); 1913 Prager Dampfschiffahrts-Gesellschaft, Prag, **SLAVOJ**; 1937 abgewrackt.

Doppelschraubenpassagierdampfer **PRINZ AUGUST**
1889 / Möller & Holberg, Grabow (113/284) / 17,00 x 4,80 m / 2 x 37,5 = 75 PSi / 160 Personen
Erbaut für SHDG „Stern", Berlin; 1895–1900 Umbau (23,86 x 5,08 m, 180 Personen), **PRINZ AUGUST WILHELM** [Foto: nach Umbau]; 1913 Prager Dampfschiffahrts-Gesellschaft, Prag, **ZABOJ**; 1935 außer Dienst; 1937 abgewrackt.

Doppelschraubenpassagierdampfer **PRINZ OSCAR**
1889 / Möller & Holberg, Grabow (114/285) / 17,00 x 4,80 m / 2 x 37,5 = 75 PSi / 160 Personen
Erbaut für SHDG „Stern", Berlin; 3.1909 **MÜGGEL**; wurde als einziges Schiff seiner Klasse nicht umgebaut; 4.1920 Julius Hintze, Berlin, Schlepper **MATADOR**; 1.1921 Emil Welle sen., Friedrichsthal; 1948 87 PSi; 7.1951 Emil Welle sen. u. jr., Friedrichsthal; 5.1956 Fritz Fischer, Zehdenick; 11.1959 außer Dienst; 8.1975 im Register gestrichen, da abgewrackt.

Schiffe der PRINZEN-Klasse (Howaldtswerke, Kiel)

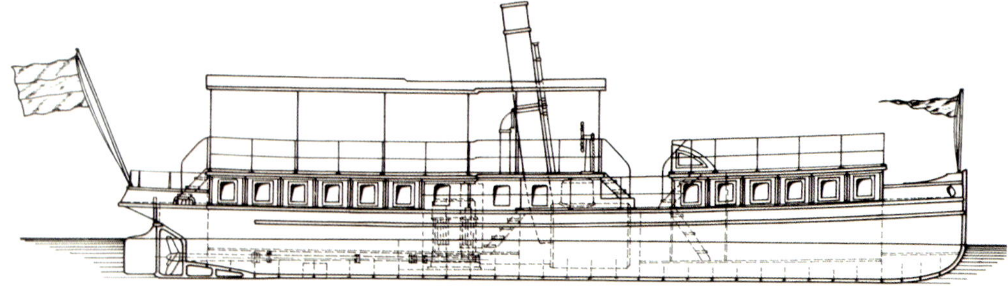

Passagierschraubendampfer der Kieler PRINZEN-Klasse (Generalplan).

Insgesamt wurden 1896 von dieser Klasse sechs Passagierdampfer (19,96 x 3,98 m / 60 PSi / 180 Personen) bei den Howaldtswerken in Kiel gebaut: **KRONPRINZ FRIEDRICH WILHELM** (303), **PRINZ EITEL FRIEDRICH** (304), **PRINZ ADALBERT** (305), **PRINZ AUGUST** (306), **PRINZ OSKAR** (307) und **PRINZ JOACHIM** (308).

Die meisten dieser Schiffe waren nur kurzzeitig in Berlin im Einsatz und wurden bald verkauft. Die SHDG „Stern" übernahm längerfristig lediglich:

PRINZ AUGUST: … 189. in Charter bei Grob & Co., Berlin; 1907 SHDG „Stern", Berlin.

PRINZ OSKAR: … 189. in Charter bei Grob & Co., Berlin; 1907 SHDG „Stern", Berlin.

PRINZ JOACHIM: … 189. in Charter bei Grob & Co., Berlin; 1907 SHDG „Stern", Berlin; 1921–1922 in Berlin aufgelegt; 192. Otto Christen, Demmin, **WERNER**; 1928 in Charter bei August Schräpler, Halle (S.), **STADT HALLE**; 1931 kurzzeitig in Berlin in Fahrt, danach wieder Otto Christen, Demmin, **WERNER**; 1942 nach Ostpreußen verkauft, **KEHRWIEDER**.

Ein Schiff der „Howaldt-PRINZEN".

Motorbarkasse **JUNO**
1893 / Schultz & Co., Straßburg/Elsass / 15,80 x 3,10 m / 8 PSe / . Personen
… 1904 Umbau auf Anker-Werft, Berlin-Rummelsburg für SHDG „Stern", Berlin; 1923 Gerbstoffwerke Günther Bauer & Co., Hamburg; 1928 Rudolf Heinrich, Hamburg; 9.1932 Heimatort Magdeburg; 1935 **MARGARETE**; 12.1945 Hans Schröder, Magdeburg; 1950 36 PSe; 3.1959 Willi Güldenpfennig und Erich Hoffmann, Magdeburg, **SEEADLER**; 7.1965 Rat der Stadt Arendsee; 1970 abgewrackt.

Doppelschraubenpassagierdampfer **HEWALD**
1895 / Johannsen, Danzig (95) / 31,70 x 6,40 m / 180 PSi / 352 Personen
Erbaut für Oberspree Dampfschiffahrts-Ges. Tismer & Co., Niederschöneweide; 7.1898 SHDG „Stern", Berlin, **GRÜNAU** [Foto]; 1934 Stern und Kreisschiffahrt AG, Berlin; 1946 an Sowjetunion abgeliefert.

Die Schiffe der OBERBÜRGERMEISTER ZELLE-Klasse und ihre Umbauten

Doppelschraubenpassagierdampfschiff **OBERBÜRGERMEISTER ZELLE**
1896 / Oderwerke, Stettin-Grabow (447) / 32,00 x 6,20 m / 2 x 75 = 150 PSi / 359 Personen
Erbaut für SHDG „Stern", Berlin [Foto oben]; 6.1900 kurze Zeit als Yacht für Kaiser Wilhelm II. in Lübeck, **LUBECA**; 1934 Stern und Kreisschiffahrt, Berlin; 1945 gesunken, 194. gehoben, Wrack aufgelegt; 1959 völliger Neuaufbau bei Teltow-Werft, Berlin-Zehlendorf (277), (36,40 x 8,00 m, 210 PSe, 333 Personen), **LICHTERFELDE** [Foto unten]; 2000 Umbau zur Wannsee-Fähre, 80 Personen.

Doppelschraubenpassagierdampfschiff **BAURATH HOBRECHT**
1896 / Oderwerke, Stettin-Grabow (448) / 32,00 x 6,20 m / 2 x 75 = 150 PSi / 359 Personen
Erbaut für SHDG „Stern", Berlin [Foto oben]; ca. 1914 **BAURAT HOBRECHT**; 1934 Stern und Kreisschiffahrt, Berlin; 1945 gesunken, 1946 gehoben, auf Teltow-Werft, Berlin-Zehlendorf repariert; 1947 wieder in Dienst; 1949 Deutsche Schiffahrts- und Umschlagbetriebszentrale, Berlin, **PANKE**; 1956/58 Umbau, motorisiert (38,10 m, 300 PSe, 425 Personen), **HEINRICH ZILLE** [Foto unten]; 1957 VEB Fahrgastschiffahrt Berlin; 1974 225 PSe, 365 Personen; 9.1993 Berliner Schiffahrtsgesellschaft e.V., fahrendes Museumsschiff.

Passagierschraubendampfer **MARIE**
1883 / Hamburg / ca. 16 x . m / . PSi / 126 Personen
Erbaut für Gebr. Lüder, Hamburg, **ROTHE BRÜCKE**; 18.. Christian Schroer, Rendsburg, **MARIE**; 5.1897 Hermann Hille und Ewald Frost, Tegelort; 1901 Spandauer Dampfschiffahrts-Gesellchaft Oberhavel und Tegeler See, Spandau; 1907 SHDG „Stern", Berlin; 1908 Adametz, Oderberg, **ADLER**; 190. Neue Dampfschiffahrts-Vereinigung, Fürstenberg i.M.; 1918 H. Palm, Fürstenberg i.M., 89 Personen, **FÜRSTENBERG**.

Passagierschraubendampfer **VON ZIETHEN**
1898 / Gebr. Maaß, Neustrelitz / 22,50 x 5,10 m / 100 PSi / 148 Personen
Erbaut für Ewald Frost, Spandau; 1901 Dampfschiffahrts-Gesellschaft Oberhavel und Tegeler See, Spandau; 191. Hermann Otto Ippen, Stettin, *vermutlich aus* **OTTO IPPEN VII, XIII, XIV** *oder* **XVII**, Einsatz als Schleppdampfer; 3.1920 Vereinigungsgesellschaft Rheinischer Braunkohlenbergwerke m.b.H., Abt. Schiffahrt, Köln, **VEREINIGUNGSGESELLSCHAFT RHEINISCHER BRAUNKOHLENBERGWERKE M.B.H. NO. VIII**; 11.1920 **BRAUNKOHLE VIII**; 11.1925 Karl Busch u. Johannes Schillow, Spandau, **LIESA**; 1930 Johannes Schillow, Berlin; 1936 in Charter der Stern und Kreisschiffahrt, Berlin; 19.. Ernst Schröder, Berlin-Pankow, **EMMI ELSE**; 6.1958 Emilie und Ernst F. Schröder, Zehdenick; 8.1967 Robert Ruhnau, Fürstenberg/H.; 6.1974 abgewrackt.

Doppelschraubenpassagierdampfer **FREYA**
1901 / Paucksch, Landsberg/W. (2) / 28,00 x 5,60 m / 180 PSi / 314 Personen
Erbaut für Robert Tismer, Niederschöneweide; 5.1914 Karl Stein, Brandenburg; 1919 Vereinigungsgesellschaft Rheinischer Braunkohlenbergwerke m.b.H., Abt. Schiffahrt, Köln, **VEREINIGUNGSGESELLSCHAFT RHEINISCHER BRAUNKOHLENBERGWERKE M.B.H. NO. 12**; 11.1920 **BRAUNKOHLE XII**; 1935 Reederei „Braunkohle“ G.m.b.H. & Co., Köln; 1936 abgewrackt.

Passagierschraubendampfer **NEPTUN**
1877 / Vulcan, Stettin (79) / 23,67 x 4,08 m / 75 PSi / 153 Personen
Erbaut für J.F. Braeunlich, Stettin; 1901 Dampfschiffahrtsgesellschaft Oberhavel und Tegeler See, Spandau; 1907 SHDG „Stern“, Berlin; 1919 Breslauer Bankverein; 1924 Gustav Schulz, Stettin, Salonaufbau, **MARIANNE** [Foto]; 1924 90 PSi; 194. Kriegsmarine, Heizboot für Flugzeugträger GRAF ZEPPELIN; 9.1944 an Eigner zurück; 1945 Heimatort Loitz; 10.1951 Paul Bauer, Berlin-Friedrichshagen; 3.1957 Richard Fahlenberg, Rathenow; 1961 abgewrackt.

Passagierschraubendampfer **VON HUMBOLDT**
1904 / Niederlande / 29,00 x 5,17 m / . PSi / 296 Personen
Erbaut für Dampfschiffahrts-Gesellschaft Oberhavel und Tegeler See, Spandau; 1907 SHDG „Stern", Berlin, **V. LÖSCHEBRAND**; 1907 verlängert, 35,06 m, Einsatz auf Scharmützelsee; 1919 aufgelegt, übernommen von Stein, Brandenburg, **DEUTSCHLAND**; 1945 in Berlin; 1946 in Brandenburg; 1965 stillgelegt, als Reserve vorhanden; 1970 abgewrackt.

Passagierschraubendampfer **ROLAND**
1877 / Howaldt, Kiel (23) / 21,75 x 4,68 m / 16 PSi / . Personen
Erbaut für Gesellschaft „Verein", Laboe, **VEREIN II**; 1885 45 PSi; 1887 Neue Dampfer-Companie, Kiel; 1900 F. Scheel, Kiel; 1904 Reederei „Lorelei" (Tismer & Co.), Niederschöneweide, **ROLAND**; 11.1922 Karl Unger, Fürstenberg/O.; 1923 100 PSi; 7.1954 Otto Dittfurth, Genthin; 7.1963 abgewrackt.

Passagierschraubendampfer **ADMIRAL RAULE**
1896 / Seebeck, Geestemünde (111) / 32,04 x 5,56 m / 90 PSi / 350 Personen
Erbaut für Dampfer-Gesellschaft, Koblenz, **LAHN**; 1905 SHDG „Stern", Berlin, **ADMIRAL RAULE** [Foto: ca. 1909]; 1924 Langwaldt & Schmolke, Berlin, **LOTTE HERTA**; 1947 sowjetische Staatliche Dampfschiffahrts-Aktiengesellschaft auf der Oder, Frankfurt/Oder, Umbau Motorschlepper **BUG**; 5.1952 VEB Deutsche Oderschiffahrt, Frankfurt/Oder; 1.1957 VEB Deutsche Binnenreederei, Berlin, 450 PSe; zuletzt Anleger für Tankmotorschiff.

Passagierschraubendampfer **HABICHT**
1896 / Seebeck, Geestemünde (112) / 27,90 x 4,90 m / 110 PSi / . Personen
Erbaut für Peter Gendebien, Köln, **VOLAPÜCK 6**; 1899 Mülheimer Dampfschiffs-AG, Köln; 1905 Spandauer Dampfschiffahrtsgesellschaft Oberhavel und Tegeler See, Spandau, **HABICHT** [Foto]; 1907 SHDG „Stern", Berlin; 1919 Gustav Schulz, Stettin, **POMMERN**; 9.1944 Kriegsmarine, Heizboot für Flugzeugträger GRAF ZEPPELIN; 194. in Stettin ausgebrannt; 1945 in Demmin gesunken; 2.7.1946 gehoben und repariert, Heimatort Loitz; 1953 **VATERLAND**, Birkenwerder; 1957 noch in Fahrt.

Passagierschraubendampfer **GERMANIA**
1891 / Kahnt, Stralau / ca. 25 x . m / 35 PSi / 252 Personen
Erbaut für Kahnt & Hertzer, Stralau; 1903 verkauft; 6.1928 Paul Schulz, Ratzdorf, **GEORG**; zeitweise in Charter bei Stern und Kreisschiffahrt, Berlin und Reederei Kieck, Berlin; 1928 Umbau (Bullaugen statt Fenster); bis 1945 nachweisbar.

Passagierschraubendampfer **SOPHIE-CHARLOTTE**
1892 / Schaubach & Grämer, Koblenz / 30,00 x . m / . PSi / 356 Personen
Erbaut für Gebr. Hamann, Valendar, **STADT VALENDAR**; 4.1906 Dampfschiffahrts-Gesellschaft Oberhavel und Tegeler See, Spandau, **SOPHIE-CHARLOTTE**; 1907 SHDG „Stern", Berlin, **FÜRST BLÜCHER**; 1923 verkauft und abgewrackt.

Doppelschraubenpassagierdampfer **EINTRACHT**
1895 / Gebr. Maaß, Neustrelitz / 27,94 x 5,16 m / . PSi / 222 Personen
Erbaut für Reederei Hertzer, Berlin; 1900 Kahnt & Hertzer, Berlin; 1919 verkauft.

Doppelschraubenpassagierdampfer **AD. VON MENZEL**
1904 / Oderwerke, Stettin-Grabow (540) / 29,85 x 5,62 m / 100 PSi / 335 Personen
Erbaut für SHDG „Stern", Berlin; 1930 180 PSi; 1934 Stern und Kreisschiffahrt, Berlin; 6.1948 Deutsche Schiffahrts- und Umschlagsbetriebszentrale, Berlin; 1.1957 VEB Fahrgastschiffahrt, Berlin; 1958 motorisiert, 160 PSe, 224 Personen; 1992 Stern und Kreisschiffahrt, Berlin; Ende 1993 Heinz Riedel, Berlin, Gaststättenschiff, Urbanhafen, **PIK AS**; 1998 Mustafa Yilmaz, Berlin, **ISKELE**; 2008 Brandschaden; 2010 abgewrackt.

Passagierschraubendampfer **V. BISMARCK**
1904 / Niederlande / ca. 34 x . m / 250 PSi / 317 Personen
Erbaut unter Verwendung von Teilen älterer Schiffe für Dampfschiffahrts-Gesellschaft Oberhavel und Tegeler See, Spandau [Foto]; 1907 SHDG „Stern", Berlin, **BRANDENBURG**; 1924 Paul David, Berlin, Umbau, Salon, **ELLI-MAGDA**; 19.. motorisiert, 275 PSe, 349 Personen; 1946 an Sowjetunion abgeliefert.

Seitenradpassagierdampfer **ELBE**
1866 / Janssen & Schmilinsky, Hamburg (35) / 28,95 x 4,57 m / 70 PSi / 180 Personen
Erbaut für Altländer Dampfschiffahrts-Gesellschaft Union, Altenwerder-Altona, **UNION**; 1892 Holst, Finkenwerder, **FINKENWÄRDER**; 8.1900 Hafen Dampfschiffahrts AG, Hamburg; 1905 Lauenburger Dampfschiffe Burmester & Basedow, Lauenburg/E., **ELBE**; 4.1909 August Basedow, Lauenburg, Einsatz auf dem Müggelsee, Berlin-Friedrichshagen, im Herbst und Winter als Schlepper in Hamburg; 1911 in Charter SDHG „Stern", Berlin, Einsatz auf Scharmützelsee, **V. LÖSCHEBRAND** [Foto]; 191. Landungsponton in Geesthacht; 6.1912 gelöscht.

Passagierschraubendampfer **GEIER**
1895 / Seebeck, Geestemünde (102) / 27,94 x 5,40 m / 100 PSi / 300 Personen
Erbaut für Fassbender & Mülleneisen, Deutz, **VOLAPÜCK 4**; 1896 Peter Gendebien, Köln; 1899 Mülheimer Dampfschiffahrts AG, Köln, **GEIER**; 1905 Spandauer Dampfschiffahrts-Ges. Oberhavel und Tegeler See, Spandau; 1907 SHDG „Stern", Berlin; 2.1923 Andreas Bittkow, Dorotheenhof, **WALTER**; 4.1926 Gustav Floeting, Lübzin; 7.1928 Gustav Schulz, Stettin, **LÜBZIN**; 1945 Heimatort Loitz; 195. Heimatort Birkenwerder; 1953 **DEUTSCHLAND** [Foto]; 1957 noch in Fahrt.

Schlepp- und Passagierdampfer **SIEGFRIED**
1905 / Gebr. Wiemann, Brandenburg (44) / 25,00 x 5,20 m / 180 PSi / . Personen
Erbaut für Gustav Fricke, Woltersdorf; ab 1907 mehrfach in Charter bei Nobiling, Berlin [Foto: ca. 1908]; 1920 Reederei Kieck in Charter; 2.1936 Gustav und Adolf Fricke, Woltersdorf; 19.. verlängert, 29,11 m; 2.1941 Adolf Fricke, Woltersdorf; 12.1945 Gustav Fricke und weitere Erben, Woltersdorf; 10.1948 Alma Eggert, Willy Eggert, Woltersdorf und Ida Rühle, Berlin-Pankow; 194. zum Rhein, Willy Eggert, Rheindürkheim; 1954 motorisiert, 500 PSe; 195. (Niederlande), **IJDUW**; 19.. P. Longius, Amsterdam, **ELISA**; 1999 noch in Fahrt.

Passagierschraubendampfer **DELPHIN**
1904 / Paucksch, Landsberg/Warthe (10) / 18,60 x 3,90 m / 56 PSi / 131 Personen
Erbaut für Rüdersdorfer Dampfschiffahrtsgesellschaft AG, Rüdersdorf; 1923 85 PSi; 1932 Karl und Otto Schmidt, Berlin-Köpenick, Schleppdampfer **KÖNIGSBERG**; 6.1949 Robert Laake, Woltersdorf, Passagierdampfer **AMASIS**; 10.1953 Siegfried Weiß, Senzig, **ERNA**; 5.1954 Werner Dietrich, Berlin-Schmöckwitz, Schleppdampfer, **ALBERT**; 1960 außer Dienst und abgewrackt.

Doppelschraubenpassagierdampfer **STEGLITZ**
1905 / Oderwerke, Stettin-Grabow (550) / 27,15 x 5,20 m / 120 PSi / 273 Personen
Erbaut für die Kreisschiffahrt der Teltow-Kanal-AG, Klein-Glienicke; 1914 300 Personen; 1934 Stern und Kreisschiffahrt; 194. versenkt; 1946 gehoben und repariert; 1946 an Sowjetunion abgeliefert.

Doppelschraubenpassagierdampfer **WANNSEE**
1905 / Maschinenbauanstalt, Dresden-Neustadt (462) / 25,50 x 5,05 m / 120 PSi / 300 Personen
Erbaut für die Kreisschiffahrt der Teltow-Kanal-AG, Klein-Glienicke; 1933 **WANNSEE II**; 1934 Stern und Kreisschiffahrt, Berlin; **WANNSEE**; 194. Schleppdienst auf der Oder; 1946 an Sowjetunion abgeliefert.

Passagierschraubendampfer **MARIENDORF**
1906 / Oderwerke, Stettin-Grabow (568) / 27,84 x 5,20 m / 120 PSi / 265 Personen
Erbaut für die Kreisschiffahrt der Teltow-Kanal-AG, Klein-Glienicke; 1934 Stern und Kreisschiffahrt, Berlin; 1948 Deutsche Schiffahrts- und Umschlagsbetriebszentrale, Berlin, 280 Personen [Foto]; 1.1957 VEB Fahrgastschiffahrt, Berlin; 1959 Umbau (32,50 x 6,05 m), **PELIKAN**; 1973 motorisiert (180 PSe, 205 Personen); 1992 Stern und Kreisschiffahrt, Berlin; 1997 Reederei Spree- & Havelschiffahrt Grimm & Lindecke, Berlin; 2023 in Fahrt.

Passagierschraubendampfer **GAMBRINUS**
1906 / Klawitter, Danzig (309) / 20,00 x 4,60 m / 120 PSi / 183 Personen
Erbaut als Schleppdampfer für Genossenschaftsbrauerei, Friedrichshagen; 1911 in Charter bei Nobiling, Berlin, als Passagierschiff; 1930 Umbau Salon; 4.1939 Paul Bauer, Berlin-Friedrichshagen; 1953 VEB Deutsche Schiffahrts- und Umschlagsbetriebe, Berlin; 1956 abgewrackt.

Passagierschraubendampfer **ALTGLIENICKE**
1907 / Uebigau, Dresden (972) / 21,12 x 4,17 m / 35 PSi / 140 Personen
Erbaut für die Kreisschiffahrt der Teltow-Kanal-AG, Klein-Glienicke, Bereisungsboot; 1934 Stern und Kreisschiffahrt, Berlin; 9.1944 Kriegsmarine, Verkehrsboot und Wohnschiff, 4. U-Flottille, Stettin.

Doppelschraubenpassagierdampfer **LANKWITZ**
1906 / Oderwerke, Stettin-Grabow (567) / 27,24 x 5,20 m / 120 PSi / 280 Personen
Erbaut für die Kreisschiffahrt der Teltow-Kanal-AG, Klein-Glienicke; 1934 Stern und Kreisschiffahrt, Berlin; 1945 versenkt; 194. gehoben und repariert/motorisiert (28,00 x 5,56 m, 160 PSe, 189 Personen); 3.1957 VEB Fahrgastschiffahrt, Weiße Flotte, Stralsund, **GRANITZ**; 1992 Oswald Büchler, Warnemünde, aufgelegt in Rostock-Marienehe; 1995 abgewrackt.

Doppelschraubenpassagierdampfer **LEOPOLD V. RANKE**
1907 / Oderwerke, Stettin-Grabow (580) / 35,10 x 6,60 m / 2 x 120 = 240 PSi / 450 Personen
Erbaut für SHDG „Stern", Berlin; 1934 Stern und Kreisschiffahrt, Berlin; 1934/35 Umbau, 43,0 m, 653 Personen; 1935 **SAARLAND** [Foto]; 1945 im Teltowkanal versenkt; 194. gehoben und abgewrackt.

Schlepp- und Passagierschraubendampfer **GUSTAV ADOLF**
1910 / Wollheim, Cosel (295) / 28,00 x 5,25 m / 260 PSi / 1930: 390 Personen
Erbaut für List, Hennigsdorf; 1912 in Charter bei SHDG „Stern", Berlin; 1919 Albert Göpfert, Hennigsdorf, verlängert um 6,00 m [Foto oben: vor 1930]; 1930 feste Decksaufbauten [Foto unten: 13.8.1933]; 1938 Reederei Bittkow, Brandenburg; 194. Elbe-Saale-Transport-Kontor, Magdeburg; 1946 an Sowjetunion abgeliefert.

Doppelschraubenschlepp- und Passagierdampfer **NEU HERINGSDORF**
1911 / Sachsenberg, Roßlau (660) / 39,60 x 5,60 m / 2 x 150 = 300 PSi / 400 Personen
Erbaut für Karl Demmer, Halle/S., **HERZOG WITTEKIND**; 1912 in Charter Lauenburger Dampfschiffe; 4.1913 Groninger Algemeene Scheepshypothekbank, Groningen; 7.1913 Robert Engelhardt, Graudenz, Heimatort Berlin; 191. kurzzeitig in Charter Nobiling, Berlin, **NEU HERINGSDORF**; 191. (Memelgebiet), **SCHWARZORT**; 1917 Schiffahrtsabt. Feldeisenbahnchef Heer; 1918 Bayerischer Lloyd AG, Regensburg, **D VII**; 10.1920 Umbau auf der Werft der Bayerischen Lloyd AG, Deggendorf; 1926 Manfred Weisz, Budapest-Csepel, **HARALD**, unter britischer Flagge; 19.. **ZAGON**; 1940 Tibor Galántai Fekete, Budapest; 1943 Dnepr-Küstenschiffahrt; 8.1944 Kriegsmarine, Räumschiff des Inspekteurs Minenräumdienst Donau, aber nicht mehr in Dienst; 29.8.1944 bei Svistov gesunken; 194. gehoben; 9.1944 sowjetische Beute, **VORONEŽ**; 1945 Sovromtransport, Bucureşti, **VORONEJ**; 1952 Umbau in Orsova; 19.. NAVROM Giurgiu; Turnu Severin, **TÂRGU MUREŞ**; 1980 in Fahrt.

Fahrgastmotorschiff **KRAMPENBURG**
1912 / Anker-Werft, Rummelsburg / 17,00 x 3,30 m / 20 PSe / 100 Personen
Erbaut für Louis Kahnt, Stralau; 1931 Adolf Lübeck, Rummelsburg; 1933 Max Pohl, Berlin; 1933 Umbau; 5.1938 Alfred Wolff, Demmin, **GERTRUD**; 1939 Heimatort Anklam; 8.1941 Hermann Schultz, Neuwarp, **ALTWARP**; 4.1942 Motorenwerke Hamburg GmbH, Hamburg; 11.1942 Reichsministerium für die besetzten Ostgebiete.

Fahrgastmotorschiff **RHEIN**
1911 / Gebr. Maaß, Neustrelitz / 14,52 x 3,09 m / 20 PSe / 100 Personen
Erbaut für Wilhelm Käne, Alt-Buchhorst; 1.1927 Gustav Hintze, Woltersdorf, **JOACHIM** [Foto: 1953]; 1957 VEB Fahrgastschiffahrt, Berlin; 1969 Rat der Stadt Lychen, Zweckverband Erholungswesen, **SCHWALBE**; 1974 20 PSe, 76 Personen; 1977 Umbau zum Motorschlepper **PIONIER**; 19.. Heinz Trinks, Rheinsberg, Umrüstung zum Sportboot **SCHWALBE**; ca. 2000 verkauft nach Fehrbellin; 2004 in Linum.

Passagierschraubendampfer **ALEXANDER**
1913 / Gebr. Maaß, Neustrelitz (84) / 27,48 x 4,78 m / 130 PSi / 250 Personen
Erbaut für Reederei Ernst Kieck, Berlin; 1930 Umbau; 1944 in Charter der Berliner Verkehrsgesellschaft, Berlin [Foto]; 1960 Kronfeld, Berlin; 1963 Kronfeld & Stengert, Berlin, motorisiert, 180 PSe, 265 Personen; 1963 erneuter Umbau; 1979 Stengert, Berlin, Umbau (32,50 x 4,80 m, 180 PSe, 180 Personen); 2001 Dieter Haydinski, Berlin; 2005 240 PSe; 2006 Spreetours Marcus Karamol, Berlin; 2023 in Fahrt.

Die „Igel"-Schiffe

Doppelschraubenfahrgastmotorschiff **NEUKÖLLN**
1913 / Sachsenberg, Roßlau (710) / 30,00 x 5,40 m / 2 x 50 = 100 PSe / 543 Personen
Erbaut für die Kreisschiffahrt der Teltow-Kanal-AG, Klein-Glienicke; 1932 kurzzeitig **TELTOW II**; 1933 **LICHTERFELDE**; 1934 Stern und Kreisschiffahrt AG, Berlin; Frühjahr 1945 versenkt, Fliegerbombe; 1947 gehoben, Werkstatt- und Lagerschiff, Potsdam (Glienicker Brücke); 1949 Deutsche Schiffahrts- und Umschlagsbetriebszentrale, Berlin; 1953 als Wrack bezeichnet.

Doppelschraubenfahrgastmotorschiff **TEMPELHOF**
1913 / Sachsenberg, Roßlau (711) / 30,00 x 5,40 m / 2 x 50 = 100 PSe / 597 Personen
Erbaut für die Kreisschiffahrt der Teltow-Kanal-AG, Klein-Glienicke; 1934 Stern und Kreisschiffahrt AG, Berlin; 1946 an Sowjetunion abgeliefert.

Dreischraubenfahrgastmotorschiff **WILMERSDORF**
1913 / Sachsenberg, Roßlau (727) / 30,00 x 5,40 m / 3 x 35 = 105 PSe / 543 Personen
Erbaut für die Kreisschiffahrt der Teltow-Kanal-AG, Klein-Glienicke; 192. in Charter Elite-Rundfahrt GmbH, Berlin, **ELITE II**; 1934 Stern und Kreisschiffahrt AG, Berlin; 1935 Umbau zum Doppelschrauber (2 x 75 = 150 PSe); 1947 Nord-West Flussreederei, Leningrad, **ČERNYŠEVSKIJ**; 3.1962 abgewrackt.

Dreischraubenfahrgastmotorschiff **TELTOW**
1912 / Sachsenberg, Roßlau (728) / 30,00 x 5,40 m / 3 x 35 = 105 PSe / 597 Personen
Erbaut für die Kreisschiffahrt der Teltow-Kanal-AG, Klein-Glienicke; 192. in Charter Elite-Rundfahrt GmbH, Berlin, **ELITE I**; ca. 1931 **TELTOW I**; 1934 Stern und Kreisschiffahrt AG, Berlin; 1935 Umbau zum Doppelschrauber (2 x 75 = 150 PSe), **TELTOW**; 1945 gesunken; Herbst 1947 gehoben; 1949 Deutsche Schiffahrts- und Umschlagsbetriebszentrale, Berlin; nach 1953 abgewrackt.

Fahrgastmotorschiff **GATOW**
1909 / Erhardt-Werft, Spandau / 17,00 x . m / 17,5 PSe / 100 Personen
Erbaut für Max Riedel, Cladow; 1918 Adolf Fehrmann, Gatow; 1925 Reederei Redemann, 1930 Franz Baltruschat, Berlin-Saatwinkel, **ELBE**; 1933 Karl Neumann, Berlin-Spandau [Foto oben]; 194. stark kriegsbeschädigt; 1950 Reederei Lahe, Neuaufbau [Foto unten: nach 1951]; 1965 Umbau (20,00 m, 85 PSe, 140 Personen); 1979 außer Dienst; nach 1990 abgewrackt.

Passagierschraubendampfer **LEOPOLD WILHELM**
1882 / Gebr. Suyver, Amsterdam / 32,48 x 5,28 m / 150 PSi / 350 Personen
Erbaut als Güterdampfschiff für de Haan, Amsterdam, **HANDEL**; 1895 P. F. Cretschmar & Co., Düsseldorf, **LEOPOLD WILHELM**; 1.1906 Heinrich Nobiling, Berlin; 1912 Umbau, geschlossener Decksalon, **WINTERMÄRCHEN**; 1925 **WINTERMÄRCHEN II** [Foto oben]; 1957 VEB Fahrgastschiffahrt Berlin, **SPREE**; 1962/64 Totalumbau zum Kabinenschiff (67,26 x 8,22 m, 400 PSe, 86 Personen) [Foto unten]; 197. aufgelegt als Wohnschiff, Berlin-Treptow; 1985 Rat der Stadt Fürstenwalde; 1990 Tarik Salameh, Fürstenwalde; 1995 abgewrackt.

Die Berliner Fahrgastschifffahrt erfährt ihre größte Ausweitung (1919–1949)

1919 *28. Juni: Unterzeichnung des Versailler Vertrages.*

1919 Auflösung der Reederei Kahnt & Hertzer. Die Reederei Langwaldt & Schmolke übernimmt die Konzession, nicht aber den Schiffspark.

1920 Karl Hintze gründet seine eigene Reederei.

1920 *1. Oktober: Das Groß-Berlin-Gesetz tritt in Kraft. Das Stadtgebiet wird erheblich erweitert. Die Bevölkerungszahl steigt auf ca. 3.800.000 Einwohner.*

1921 1. April: Der Teltowkanal geht in Reichseigentum über.

1921 Gründung der Reederei Otto Schmidt, die wegen ihrer Schiffsnamen als „Reederei der Asse" bezeichnet wird. Sie besteht bis 1960.

1923 Gemeinschaftsverkehr der SHDG „Stern" und der Teltower Kreisschiffahrt unter der Bezeichnung „Stern und Kreisschiffahrt" auf der Unterhavel.

1923 Ab diesem Jahr vermietet die Teltower Kreisschiffahrt ihre Motorschiffe TELTOW und WILMERSDORF zeitweise an die Elite-Rundfahrt G.m.b.H., die sie als ELITE I und ELITE II einsetzt.

1923 Albert Redemann übernimmt den Spandauer Motorbootsbetrieb Albert Waldow. Sein Märkischer Lloyd und die Reederei Waldow existieren vorerst parallel.

1923 *Die Inflation erreicht im Herbst ihren Höhepunkt. Sie wird am 15. November durch Einführung der Rentenmark beendet.*

1924 11. April: Vertrag zwischen dem Kreis Teltow und dem Deutschen Reich. Beide Partner sind zu gleichen Teilen Eigentümer der Teltow-Kanal A.G.

1924 Die SHDG „Stern“ musste ihren Schiffspark aus wirtschaftlichen Gründen in den vorhergehenden Jahren erheblich verkleinern. 1924 verfügt die Gesellschaft über 24 betriebsfähige Dampfer und sechs Motorboote.

1924 Die Reederei Franz Müller & Söhne tritt in die Berliner Personenschifffahrt ein.

1924 Die früher in der Frachtschifffahrt tätige Reederei Paul David eröffnet in Berlin ihren Personenverkehr. Sie setzt in großem Maße Charterschiffe ein.

1924 Bau des Kabinenschiffes BALDUR für den Verein Grüne Heimat e.V. Berlin. Es ist das erste Schiff seiner Art und gleichzeitig der erster großer Motorschiffsneubau nach dem Krieg.

1924 Gründung der Kladower Verkehrs-GmbH.

1925 Bau des großen Dampfers VATERLAND für die die Reederei Nobiling. In der Wintersaison führt das Schiff den Namen WINTERMÄRCHEN. Bis 1928 folgen weitere Dampfer und ein Motorschiff.

1925 Gründung der Reederei Adolf Lübeck in Berlin-Rummelsburg.

1925 Der Fährenbetreiber Oskar Kosewsky und der Gründer der „Spandauer“ Ewald Frost kaufen gemeinsam den Brandenburger Passagierdampfer DEUTSCHLAND an.

1925 Ab 1925 werden meist im Osten Berlins mehrere Fahrgemeinschaften gebildet, so Reederei Börse (Schwandt, Haffke), Reederei Hallesches Tor (Hartwig, Kläne), Reedereien Hallesches Tor (Hartwig, Kläne, Müller), Reederei am Lützowplatz (Halle und Pohl), Reedereien Oberspree (Eckner, Halle, Hartwig, Kelch, Kläne, Müller & Söhne, Pohl, Radestock, Märkischer Lloyd, Löcknitz-Fahrgemeinschaft, Spittelmarkt Lloyd), von Ertel aus Woltersdorf die Reederei Börse mit Beteiligung von Frieda Schickedanz.

Die ersten Aktivitäten befanden sich an der Spree, nach 1927 auch im Bereich Landwehrkanal.

Die Reedereien sind meist jeweils mit einem Fahrgastschiff an den Gemeinschaften beteiligt. Auf diese Weise wird ein koordinierter Betrieb erreicht. Einzelne Reedereien sind z.T. an mehreren Fahrgemeinschaften beteiligt. Kosten für Werbung und Anlegestellen werden hierdurch minimiert.

1926 Die Reederei Klempin & Seel setzt den angekauften Dampfer LORELEY ein.

Salondampfer „Loreley"

Reederei Klempin & Seel
Berlin C2, An der Stralauer Brücke 7
Am Stadtbahnhof Jannowitzbrücke | Fernspr. Berolina (E1) 2062
empfiehlt sich zu
Dampferfahrten nach der Havel, Ober- u. Unterspree
Vereine, Gewerkschaften, Fabriken u. Schulen kulante Bedingungen
Dampferlandungsbrücken in Berlin:
Michaelkirchbrücke am Stadtbahnhof Jannowitzbrücke | Moltkebrücke am Lehrter Bahnhof und Bärenbrücke am Stadtbahnhof Bellevue
Außerdem Anlegestellen in Ober- und Niederschöneweide, Cöpenick sowie in fast allen Vororten

1926 Der bisher im Schleppgeschäft aktive Reeder Paul Tempelhof eröffnet eine Personenschifffahrt in Berlin-Plötzensee.

1926 Die Werft Gebr. Wiemann, Brandenburg, liefert der Reederei Alfred Bauer, Berlin-Friedrichshagen, den für 632 Fahrgäste ausgelegten Passagierdampfer BEROLINA ab.

1926 Winterverkehr SHDG „Stern" und Robert Kieck mit WANNSEE und POSEIDON (für diese Fahrten als SCHNEEWITTCHEN). Beide Schiffe werden mit geschlossenen und beheizten Fahrgasträumen ausgestattet. WANNSEE war seit 1912 der erste Stern-Dampfer mit geschlossenem Salon.

1926 Der neu erbaute Dampfer SANSSOUCI (520 Personen) wird Flaggschiff der Stern und Kreisschiffahrt.

1926 Otto und Eduard Winkler eröffnen mit dem Neubau DEUTSCHLAND ihren Personenverkehr.

1927 Die Teltower Kreisschiffahrt stellt ihren Neubau ZEHLENDORF in Dienst. Hierbei handelt es sich um das erste voll geschweißte Schiff in Deutschland.

1927 Da es an der Spree zu eng wird, weicht die Reederei Müller aus Erkner auf den Landwehrkanal als alternativen Ausgangspunkt aus. Als zweiter Betrieb etabliert sich dort die Reederei Otto Schmidt.

1928 Die Kriminalpolizei klärt Finanzmanipulationen bei der SHDG „Stern" auf.

1928 SHDG „Stern" und Teltower Kreisschiffahrt bilden eine Betriebsgemeinschaft.

1928 Die Reederei Otto Bathke tritt in die Berliner Personenschifffahrt ein.

1928 Die Reederei Kieck gibt bei Gebr. Wiemann, Brandenburg den 810 Personen fassenden Dampfer COLUMBUS – den bisher größten Dampfer Berlins und auch das erste Schiff mit Sonnendeck – in Auftrag.

1929 Otto Schmidt lässt das Motorschiff KREUZ AS erbauen. Es ist das erste kombinierte Ausflugs- und Reiseschiff in Berlin und verfügt über die Möglichkeit, Übernachtungskabinen einzubauen.

1929 Fritz und Ernst Griese machen sich mit der ehemaligen KAISER FRIEDRICH der SHDG „Stern“ selbstständig, die sie als SIEGFRIED in Fahrt bringen.

1929 *25. Oktober: „Schwarzer Freitag“ – Beginn der Weltwirtschaftskrise.*

1930 Die Reederei Paul Bauer bringt in Tegel das Motorschiff ONKEL PAUL in Fahrt. Bis 1941 folgen ONKEL PAUL II, ONKEL PAUL III und ONKEL PAUL VI.

1930 Mehrere Reedereien bieten mehrtägige Fernfahrten nach Stettin, Swinemünde, Hamburg, Breslau, Dresden und zur Müritz an.

1930 Im Berliner Raum gibt es 65 Fahrgastschifffahrtsunternehmen mit 210 Fahrzeugen.

1931 Der Verein gewerblicher Motorbootsbesitzer Berlin und Umgegend e.V. zählt 48 Mitglieder mit 165 Fahrzeugen.

1931 Erst sechs der 23 Stern-Dampfer konnten infolge der prekären Finanzlage modernisiert werden.

1932 15. Oktober: Die SHDG „Stern“ muss infolge von Fehlkalkulationen im Sommer ihre Zahlungen einstellen und geht in Konkurs. Als Übergangsgesellschaft wird die Stern-Dampfer GmbH gegründet. Die Reederei hatte zu diesem Zeitpunkt 38 Dampf- und neun Motorschiffe in Fahrt.

1933 *30. Januar: Die Nationalsozialisten übernehmen in Deutschland die Macht.*

1933 Die Stern-Dampfer G.m.b.H. gibt für dieses Jahr zwei Fahrpläne heraus.

1934 Frühjahr: Die Kreisschiffahrt chartert sämtliche Schiffe der Stern-Dampfer GmbH. Im Juli kauft die Teltow-Kanal AG schließlich die noch verbliebenen Schiffe, Anlegestellen, Werften und sonstigen Immobilien an. Das Unternehmen führt nun den Namen „Stern und Kreisschiffahrt der Teltow-Kanal-A.G.“.

1935 In Treptow wird eine neue Anlegestelle großzügig ausgebaut und in Betrieb genommen.

1935 Der Stern und Kreis-Dampfer LEOPOLD V. RANKE wird auf eine Passagierkapazität von 653 Personen vergrößert und als SAARLAND wieder in Fahrt gebracht.

1935 Die Stern und Kreisschiffahrt verfügt nach Übernahme der Motorschiffe SOMMERNACHTSTRAUM I und SOMMERNACHTSTRAUM II insgesamt über 27 Dampfer, 17 Motorschiffe und 12 Motorboote.

1936 *1.–16. August: Olympische Sommerspiele in Berlin.*

Die Olympischen Spiele versprachen eine gute Auslastung der Schiffe. Die beiden größten Berliner Reedereien rüsten sich mit Werbung.

1937 Die Reederei Kelch bringt mit der KELCH erstmals ein mit Gasgeneratorantrieb ausgerüstetes Passagierschiff in Berlin in Fahrt.

1938 Die Stern und Kreisschiffahrt stellt ihren letzten Vorkriegsneubau OSTMARK in Dienst.

1939 1. September: Ausbruch des Zweiten Weltkrieges. Mit sofortiger Wirkung werden die motorgetriebenen Fahrgastschiffe stillgelegt, um Treibstoffe einzusparen.

1942 Mehrere Berliner Fahrgastschiffe werden vom Reichsverkehrsministerium für den „Osteinsatz“, u.a. für die Transportflotte Speer angekauft. Dies setzt sich in den Nachfolgejahren fort, z.T. verbunden mit Überführungen zur Donau.

1943 Die Berliner Verkehrs-A.G. (BVG) nimmt mit Charterfahrzeugen einen eigenen Schiffsverkehr auf. Diese verkehren vorerst auf der Linie Pichelsdorf–Wannsee–Kladow als Busersatz.

1944 Zunehmend werden Fahrgastschiffe durch Luftangriffe beschädigt oder versenkt. Dies setzt sich 1945 – schließlich auch durch den Endkampf um Berlin – verstärkt fort.

1945 20. April: Die letzten Berliner Fahrgastschiffe stellen den Verkehr ein.

1945 *2. Mai: Ende der Kämpfe in Berlin.*

1945 *8. Mai: Kapitulation der deutschen Wehrmacht.*

1945 21. Juni: Fahrtaufnahme mit dem Stern- u. Kreis-Dampfer POTSDAM auf der Strecke Stößensee–Glienicker Brücke. Auch die anderen Reedereien nehmen, soweit die Schiffe einsetzbar sind, den Betrieb wieder auf.

1945 *Juli: Die Reichshauptstadt Berlin wird von den Siegermächten in vier Sektoren aufgeteilt.*

1945 27. Juli: Die sowjetische Besatzungsmacht setzt in ihrer Zone eine Deutsche Zentralverwaltung des Verkehrs mit einer Generaldirektion Schiffahrt ein.

1945 Die allgemeine Notsituation in der unmittelbaren Nachkriegszeit veranlasst viele Berliner Lebensmittel, Brennstoffe u. Ä. zu „organisieren". Es entwickeln sich „Hamsterfahrten" in die nähere und weitere Umgebung der Stadt. Da der Zugverkehr nur eingeschränkt läuft, werden auch Fahrgastschiffe hierfür genutzt.

Anzeigetafeln für Hamsterfahrten mit dem Schiff in Spandau.

1946 Die Sowjetische Militäradministration beschlagnahmt in ihrer Besatzungszone und im Berliner Sowjetsektor entschädigungslos eine erhebliche Anzahl an Fracht- und Passagierschiffen als Reparationsleistung. Meist müssen die modernsten und leistungsfähigsten Fahrzeuge abgeliefert werden.

Deutsche Zentralverwaltung des Verkehrs
in der sowjetischen Besatzungszone
Generaldirektion Schiffahrt
Der Generaldirektor
Gb.Sch.-G.-J. I/... /46.

Berlin W 15, den 11. Juli 1946.
Knesebeckstraße 59/60
Fernruf: 32 21 55
Gr/Le.

Firma
F. Müller & Söhne,
Berlin-Erkner

Betr.: Abgabe von Personenschiffen an die sowjetische Besatzungsmacht.

Am 29.v.M. wurden auf Anforderung der zuständigen Dienststelle der SMA die folgenden Fahrgastschiffe an die Besatzungsmacht abgegeben:

Motorschiff "Imperator" 100 PS, 302 Pers., Pass 3179,
" "Imperator II" 180 PS 275 Pers. " 3184,
" "Bremen" 180 PS 362 Pers., Pass 2968,
" "Fortuna" 180 PS 275 Pers., " 3182.

Bis auf weiteres besteht keine Möglichkeit, die Frage einer Entschädigung zu erörtern. Ansprüche könnten erst geltend gemacht werden, sobald zu einem späteren Zeitpunkt eine gesetzliche Regelung der Entschädigungsfragen erfolgen sollte.

(Dir. Tollweber)

1948 *23. Juni: Währungsreform in Berlin. Die Sowjetunion blockiert daraufhin vom 24. Juni 1948 bis zum 12. Mai 1949 die Westsektoren. Dem wird die „Luftbrücke" entgegengesetzt.*

1948 *August: Der Magistrat verlegt infolge der von der SED organisierter Störungen seinen Sitz vom Sowjetsektor in die Westsektoren.*

1948 4. Dezember: Die Sektorengrenzen werden für den Schiffsverkehr gesperrt.

1948 5. Juli: Fahrtaufnahme der Reederei Walter Haupt, Berlin-Tegel mit Fährverkehr zur Insel Hasselwerder. Das Unternehmen wurde ab 1970 von der Reederei Bethke geführt und besteht bis heute.

1949 Ende der als „Fracht- und Stückgut-Verkehr" bezeichneten „Hamsterfahrten". Die Linien führten in westlicher Richtung bis Magdeburg, Havelberg, Tangermünde, in östlicher bis Fürstenberg/Oder und in nördlicher bis Templin.

1949 27. Juli: Die unter sowjetischer Aufsicht stehende und in deren Interessen agierende Deutsche Wirtschaftskommission beschließt die in ihrem Machtbereich befindlichen Schiffe der Stern und Kreisschiffahrt der Deutschen Schiffahrts- und Umschlagzentrale (DSU) zu übereignen. Hierfür werden die Dampfer PROF. RUD. VIRCHOW, VENUS und KOMET vom Wannsee in den Sowjetsektor verbracht.

Kabinenschiff **BALDUR**
1924 / Naglo, Berlin-Spandau / 50,00 x 7,00 m / 70 PSe / 200 Bettenplätze
Erbaut für Verein „Grüne Heimat" Berlin; nach 1930 verschiedene Eigentümer; 1936 an eine Brandenburger Reederei; 1937 Umbau zur schwimmenden Jugendherberge; lag 1945 als Wohnschiff in Coswig/Elbe; 194. nach Umbau auf Werft Dresden-Laubegast an Sowjetunion abgeliefert.

Passagierschraubendampfer **POSEIDON**
1925 / Gebr. Wiemann, Brandenburg (215) / 32,00 x 5,80 m / 180 PSi / 400 Personen
Erbaut für R. Kieck, Berlin; 1926–1927 **SCHNEEWITTCHEN**; 1960 motorisiert; 1960 Bruno Winkler, Berlin, 500 Personen; 6.1969 nach Havarie nicht wieder in Fahrt; 1.1975 abgewrackt.

Fahrgastmotorschiff **FORTUNA**
1925 / Neptun-Werft, Berlin-Rummelsburg / 19,95 x 3,92 m / 80 PSe / 108 Personen
Erbaut für Franz Müller & Söhne, Erkner; 1936 Walter Hauser, Greifswald; ca. 1964 K. H. Jürgens, Wiek/Darß; 1969 Wohnschiff in Wiek; 2003 Nils Rammin, Barth.

Passagierschraubendampfer **BEROLINA**
1926 / Wiemann, Brandenburg (224) / 40,00 x 6,50 m / 180 PSi / 632 Personen
Erbaut für Paul Bauer, Berlin-Friedrichshagen; 1946 an Sowjetunion abgeliefert, **03388**; 1947 Moskva-Wolga Kanal, Moskau, **JUPITER**; 1970 abgewrackt.

Doppelschraubenpassagierdampfer **ATLANTIC**
1900 / Schömer & Jensen, Tönning (30) / 32,53 x 6,1 m / 2 x 85 = 170 PSi / . Personen
Erbaut für Wyker Dampfschiffs-Reederei Föhr-Amrum GmbH, Wyk a. Föhr, **VON THIELEN**, Seeschiff, U-Signal: LMQG; 4.1912 J.J. Becker Söhne, Altenwerder; 5.1912 Binnenschiff, **ALTENWERDER**; 4.1917 Friedrich Schneider, Hamburg, **HANSEAT**, Seeschiff, U-Signal: RVPB; 1924 Norddeutsche Union-Werke, Hamburg; 1925 L. Rehder, Hamburg; 1926 L. Müller, Hamburg; 4.1926 F. Grahl, Hamburg, A. Jahnke, Breslau und F. Zehrmann, Harburg, **ATLANTIC**, Binnenschiff; 3.1927 Reederei Haenke, Berlin-Tegel, **VALENCIA**; 5.1928 vermutlich in Charter Deutsche Volkserholungsheime eGmbH, Berlin, **DEVO**; 6.1928 **GÖTZ VON BERLECHINGEN** [Foto]; 10.1928 **GRAAL**; 4.1929 **STELLA**; 5.1933 **REICHSKANZLER**; 11.1933 Weser-Reederei GmbH, Bremen; 7.1935 Johannes Mewes, Hamburg; 1938 **FORELLE**; 3.1939 OHG Küster & Schubert, Hamburg; 11.1939 motorisiert, 2 x 200 = 400 PSe, **SEEFALKE**; 194. Kriegsmarine für Kaspisches Meer vorgesehen.

Fahrgastmotorschiff **OBERSPREE**
1926 / Engelbrecht, Berlin-Köpenick / 19,91 x 3,47 m / 35 PSe / 140 Personen
Erbaut für Karl Schwung, Berlin-Grünau [Foto oben]; 1948 125 Personen; 2.1959 VEB Fahrgastschiffahrt, Berlin, Umbau [Foto unten]; 1.1972 VEB Kombinat Kraftverkehr, Frankfurt/O., Betriebsteil Fürstenwalde, **SCHARMÜTZELSEE**; 1974 90 Personen; 1985 an Land gesetzt als Gaststätte in Fürstenwalde-Süd; nach 1990 abgewrackt.

Fahrgastmotorschiff **DEUTSCHLAND**
1926 / Winkler, Kalkberge / 25,00 x 4,34 m / . PSe / 200 Personen
Erbaut für eigene Rechnung; 1929 Müller und Söhne, Erkner, **BREMEN** [Foto oben]; 1936 verlängert auf 34,10 m, 362 Personen [Foto unten]; 1946 Nord-West Flussreederei, Leningrad, **PUŠKIN**; 12.1964 abgewrackt.

Doppelschraubenschleppdampfer **LORELEY**
1912 / Wiemann, Brandenburg (153) / 40,00 x 6,50 m / 2 x 150 = 300 PSi / . Personen
Erbaut für Heinrich Schröder, Magdeburg, **FRIEDA-MARTHA**; 3.1913 Gustav Stahlberg, Magdeburg; 1917 Schiffahrtsabt. Feldeisenbahnchef Heer; 2.1918 Oberelbische Dampfschiffahrts-Gesellschaft, Hamburg; 4.1918 **FORTUNA I**; 10.1922 Otto Krüger, Hamburg, **FORTUNA**; ca. 1925 zeitweise in Charter Reederei Nobiling, Berlin; 5.1926 Karl Reinicke, Greifenhagen; 192. Vierländer Dampfschiffs-Gesellschaft, Hamburg, 572 Personen; 1925 Klempin & Seel, Berlin, **LORELEY**; 1934 in Charter Stern und Kreisschiffahrt, Berlin; 1946 Severnoe Rečnoe Parochodstvo, Archangelsk, **SEVASTOPOL'**; 12.1956 abgewrackt.

Fahrgastmotorschiff **RHEINPFALZ**
1927 / Winkler, Kalkberge / 30,00 x 4,68 m / 140 PSe / 276 Personen
Erbaut für Nobiling, Berlin; 9.1943 Transportflotte Speer, Einsatz Rußland-Süd; 7.1944 zur Donau, Organisation Todt-Einsatz Flamanda; 194. Bayerischer Lloyd, Regensburg; 19.. Bruno Fendler, Berlin-Wilmersdorf, Einsatz zwischen Kelheim und Weltenburg auf der Donau; 1974 Hans Köck, Passau; 1984 Gebr. Klinger, Regensburg, **REGENSBURG**; 1998 Havel-Dampfschiffahrt GmbH., Potsdam; 1998/99Umbau, **FRIEDERICUS REX**.

Schiffe der Kladower Verkehrsgesellschaft m.b.H.

Die Kladower Verkehrs-GmbH besaß insgesamt sieben Fahrgastmotorschiffe und ein Motorboot. Auf dem Foto sind (v.l.n.r.) zu sehen: ***KATTOWITZ****, vermutlich* ***ZIETEN****,* ***THORN****,* ***BROMBERG****,* ***STRASSBURG*** *und* ***DANZIG****. Nicht abgebildet sind* ***POSEN*** *und* ***TONDERN****.*

Nur zu diesen drei Schiffen sind nähere Angaben bekannt:

Fahrgastmotorschiff **BROMBERG**
1924 / Winkler, Kalkberge / 21,94 x 4,20 m / 75 PSe / 260 Personen
Erbaut für Otto Schmidt, Berlin, **PIK AS**; 5.1925 Kladower Verkehrs-GmbH, Berlin-Kladow, **BROMBERG**; 7.1932 Albert Redemann, Berlin-Spandau, **ALTMARK**; 5.1933 Helmuth Fahlenberg, Rathenow, **STOLZENFELS**; 10.1935 Reederei und Kohlenvertrieb Ernst Maas Nfg. Otto Knorr, Oranienburg, **SOMMERNACHTSTRAUM**; 4.1941 Herbert Grundmann, Weißenfels, **FREIHEIT II**; 1948 75 PSe, 200 Personen; 2.1952 Hermann Weiß, Senzig, **FREIHEIT**; 5.1954 Erna Weiß, Senzig; 2.1958 Siegfried Weiß, Senzig; 5.1964 VEB Fahrgastschiffahrt, Berlin; 3.1970 **SCHARMÜTZELSEE**, 87 PSe, 163 Personen; 1972/73 außer Dienst; 1974 abgewrackt.

Fahrgastmotorschiff **THORN**
1927 / Ertel, Woltersdorf / 21,47 x 4,27 m / . PSe / 200 Personen
Erbaut für Kladower Verkehrs-GmbH, Berlin-Kladow; 1932 Hermann Reckner, Kalkberge, **PREUSSEN**; 1943 Transportflotte Speer, Organisation Todt-Einsatz Rußland-Süd; 7.1944 zur Donau, Organisation Todt-Einsatz Flamanda.

Fahrgastmotorschiff **TONDERN**
1... / Elmshorn / 13,0–14,0 x 2,8–3,0 m / 20 PSe / 52 Personen
... ca. 1914 Röhl, Berlin, **DUBROW**; 2.1925 W. Ritscher, Hamburg; 5.1926 Kladower Verkehrs-GmbH, Berlin-Kladow, **TONDERN**; ca. 1928 Heinrich Jordan, Waren, **UNKEL BRÄSIG**; ca. 1937 auf den Märkischen Wasserstraßen im Einsatz.

Fahrgastmotorschiff **MARIENLUST II**
1925 / Berlin-Rummelsburg / 18,45 x 3,39 m / . PSe / 125 Personen
… ca. 1935 Polzin, Berlin-Marienlust; 19.. Edith Burgert, Berlin-Schmöckwitz, **KURT HEINZ** [Foto oben]; 11.1961 VEB Fahrgastschiffahrt, Berlin; 12.1963 **MÜGGELSPREE** [Foto unten]; 4.1970 VEB Funkwerk Berlin-Köpenick; 197. VEB Schiffselektronik Rostock, Außenstelle Berlin, 20 PSe; 8.1982 Sportboot, **LIEBLING**.

Fahrgastmotorschiff **URANUS**
1920 / Ertel, Woltersdorf / 18,00 x 3,75 m / 22 PSe / 125 Personen
Erbaut für Otto Ertel, Woltersdorf; 1932 Gerhard & Schwarzlose, Stettin, **BAD JUNGFERNBERG III**; 4.1945 gestrandet Gustower Wieck, abgebracht, Engelke, Ueckermünde; 19.. Hermann Schultz, Altwarp, **MARGITTA**; ca. 1954 Weiße Flotte, Stralsund, Einsatz Prerow–Hiddensee; ca. 19.. Heimatort Eggesin; ca. 1985 abgewrackt.

Fahrgastmotorschiff **STOLPE**
1927 / Hintze & Ziethmann, Fürstenberg i.M. / ca. 24 x 4 m / 50 PSe / 144 Personen
Erbaut für Ernst Maaß, Oranienburg, **SOMMERNACHTSTRAUM**; 1929 **SOMMERNACHTSTRAUM I**; 1935 Stern und Kreisschiffahrt, Berlin, **STOLPE**; 1936 Umbau [Foto]; 1944 durch Kriegseinwirkung in Oranienburg gesunken; 1949 Neuaufbau; 1957 erneuter Umbau; 1973 abgewrackt.

Fahrgastmotorschiff **METEOR**
1927 / Zwaag, Zaandam / 24,60 x 5,04 m / . PSe / 304 Personen
Erbaut für SHDG „Stern", Berlin [Foto: vor 1932]; 1932 Umbau, 27,60 m; 1933 Stern und Kreisschiffahrt, Berlin; 1945 Wrack; 1947 Neuaufbau, von Sowjetunion beschlagnahmt.

Fahrgastmotorschiff **STOLZENFELS**
1927 / Lahe, Berlin-Saatwinkel / 20,04 x 3,85 m / 40 PSe / 170 Personen
Erbaut für Richard Kelch, Berlin; 1939 **LÖCKNITZ**; 1946 Katharina, Rudolf u. Renate Kelch, Berlin; 1947 132 Personen [Foto: 1953]; 6.1965 Rat der Stadt Lychen, **MÖWE**; 2.1982 Kreiswirtschaftsbetrieb Erholungswesen, Templin; 11.1983 ADMV Motorclub Friedrichsthal, als Klubheim an Land gesetzt; 1992 Helmut Becker, Berlin; aber da Ausbau zu aufwendig abgewrackt.

Schlepp- und Passagierschraubendampfer **MARIE LUISE**
1911 / Sachsenberg, Roßlau (659) / 26,20 x 4,80 m / 140 PSi / 210 Personen
Erbaut für Clara Schräpler, Halle/S., **DEUTSCHLAND**; 1.1913 Otto Emil Gustav Kurth, Stralau; 1917 Carl Franz Böttge u. Carl Friedrich Schmeil, Hamburg; 7.1919 A. Kirsten, Hamburg; 3.1920 Westfälisches Kohlen-Kontor, Hamburg; 9.1922 Adolf Meyer, Hamburg; 11.1926 Luise Schünecke, Berlin-Spandau, und Willi Müller, Quitzöbel, **ELISABETH-LUISE**; 192. **MARIE LUISE**; 192. verlängert auf ca. 30 m; 8.1927 Luise Schünecke, Berlin-Spandau [Foto: 1938]; 5.1941 Hermann Krieger, Wernsdorf, **BRIGITTE**; 9.1942 Wilh. U. Hermann Ihrke, Groß-Dölln, **HERMANN WILLY**; 7.1943 Erwin Kretschmer, Leubus und Alfred Dalge, Rattwitz, **BASILISK**; 1945 Kamskoe Rečnoe Parochodstvo, Perm', **P-9-O**; 1946 **03316**; 4.1948 **ZUBATKA**; 9. 1964 außer Dienst.

Fahrgastmotorschiff **WILLI FRANZ**
1927 / Ertel, Woltersdorf / 20,94 x 3,72 m / 125 PSe / 150 Personen
Erbaut für Franz Steuer, Woltersdorf; ca. 1935 Wilhelm Schulz, Neue Mühle b. Königs Wusterhausen; um 1940 Willy Schultz, Altwarp, **NEUWARP**; 1949 **CHARLOTTE**; 9.1953 Erwin Stitterich, Magdeburg, **LIESELOTTE**; 12.1954 Alfred und Georg Bauer, Berlin-Friedrichshagen, **MÜGGELSEE**; 4.1959 Fritz und Hedwig Vermum, Fürstenberg/H., **HEDWIG**; 1959 **FÜRSTENBERG**; 2.1964 Rat der Stadt Fürstenberg/H. - VEB Dienstleistungsbetrieb Fürstenberg/H., **HAVEL**; 1968 75 PSe; 1.1979 abgewrackt.

Fahrgastmotorschiff **FORTUNA**
1927 / Engelbrecht, Berlin-Köpenick / 19,90 x 3,50 m / 32 PSe / 130–140 Personen
Erbaut für Franz Müller & Söhne, Erkner; 11.1938 Albert Selpin, Marienwerder, **FRITZ III**; 1949 50 PSe; 5.1951 Anna Selpin, Berlin-Schmöckwitz; 1.1966 abgewrackt.

Fahrgastmotorschiff **SCHLESIEN**
1928 / Hintze & Ziethmann, Fürstenberg i.M. (13) / 21,00 x . m / . PSe / . Personen
Erbaut für Paul David, Berlin [Foto: erste Bauform]; 1938 Totalumbau, 25,00 m, 255 Personen; 194. Transportflotte Speer Dnepr; 1943 auf Dnepr selbst versenkt.

Fahrgastmotorschiff **TITANIA**
1928 / Ertel, Woltersdorf / 31,20 x 4,56 m / 60 PSe / 333 Personen
Erbaut für Bruno Hartwig, Grünheide; 1944 Transportflotte Speer, Organisation Todt-Einsatz Rußland-Süd; 1944 zur Donau verbracht, Organisation Todt-Einsatz Belgrad; 1945 an Eigner zurück, Einsatz in Kelheim; 1971 abgewrackt.

Passagierschraubendampfer **COLUMBUS**
1928 / Wiemann, Brandenburg (238) / 42,00 x 6,80 m / 225 PSi / 703 Personen
Erbaut für Ernst Kieck, Berlin, erster Dampfer mit Sonnendeck; 1946 Wolga Flussfrachtreederei, Gorki, **VENERA**; 1966 abgewrackt.

Fahrgastmotorschiff **IMPERATOR**
1928 / Winkler, Kalkberge / 32,00 x 4,60 m / 60 PSe / 300 Personen
Erbaut für Franz Müller und Söhne, Erkner; 1940 110 PSe; 1946 an Sowjetunion abgeliefert, **03179**; 1946 Vereinigte Wolga Flussreederei, Gorki, Einsatz als „Agitationsboot", **BYSTRYJ**.

Fahrgastmotorschiff **ILCHEN**
1929 / Winkler, Rüdersdorf / 32,00 x 5,20 m / . PSe / 330 Personen
Erbaut für Karl Hintze, Woltersdorf; Herbst 1929 **TEMPO** [Foto: nach 1933]; 1946 an Sowjetunion abgeliefert, **02967**; 1946 Nord-West Flussreederei, Leningrad, **GOGOL'**.

Fahrgastmotorschiff **TRUMPF**
1931 / Exquisitwerft, Wildau / 21,66 x 3,64 m / 35 PSe / 110 Personen
Erbaut für Reinhold Kasdorf, Rahnsdorf; 1934 Reederei Paulick, Senzig; 1951 bewirtschaftet durch Deutsche Schiffahrts- und Umschlagsbetriebszentrale Berlin, 140 Personen; 1.1957 VEB Fahrgastschiffahrt, Berlin; 1969 Totalumbau, 22,74 m; 1970 **SCHMÖLDE**; 1974 67 PSe, 75 Personen; 1992 Günther Wiedenhöft, Joachimsthal, **ADLER**; 5.1997 Reederei M. Wiedemann, Jessern (Schwielochsee), **FALKE**; 2016 Berliner Welle Schiffscharter (Julius Dahmen), Berlin, **GOLDA**; 2022 Umbau auf Elektroantrieb.

Fahrgastmotorschiff **TEUPITZ**
1933 / Ankerwerft, Berlin-Stralau, Fertigbau Teltow-Werft, Berlin-Zehlendorf / 25,14 x 4,35 m / 120 PSe / 205 Personen
Erbaut für Stern & Kreisschiffahrt, Berlin; 1951 Umbau bei Teltow-Werft, Berlin-Zehlendorf, **STEGLITZ**, 26,72 m, 160 Personen [Foto]; 1966 Umbau, Steven und Heck; 1975 Gastwirt Kren, Projekt als Gaststätte auf Hochbahn-Viadukt Nollendorfplatz nicht ausgeführt; 1979 abgewrackt.

Fahrgastmotorschiff **FEENLOB 2**
1928 / Groningen / 28,50 x 5,03 / 90 PSe / 337 Personen
Erbaut für Gustav Stahlberg, Magdeburg, **GROSS-MAGDEBURG**; 4.1929 Theodor Burgdorf, Minden, **PORTA WESTFALICA**; 12.1937 Paul Tempelhof, Berlin-Plötzensee, **FEENLOB 2**; 1948 Wilhelm Müller, Berlin-Spandau, **ERNA** [Foto oben: ca. 1936]; 19.. Werner Triebler, Berlin; 1963/64 Umbau; 1966/67 erneuter Umbau (37,40 x 5,03 m, 320 PSe, 250 Personen); 1963 **BÄR VON BERLIN** [Foto unten: ca. 2020]; 2023 in Fahrt.

Fahrgastmotorschiff **KURMARK**
1934 / Teltow-Werft, Berlin (82) / 35,00 x 5,70 m / 150 PSe / 639 Personen
Erbaut für Stern und Kreisschiffahrt AG, Berlin; 1934; 1935 kurzzeitig **TELTOW II**; Frühjahr 1945 Glienicker Lake versenkt; Frühjahr 1946 gehoben und repariert, **MERKUR**; 1946 Nord-West Flussreederei, Leningrad, **MAJAKOVSKIJ**; 12.1973 abgewrackt.

Schlepp- und Passagierschraubendampfer **FRITZ II**
1930 / Winkler, Kalkberge / 27,00 x 4,97 m / 140 PSi / 261 Personen
Erbaut für Albert Selpin, Marienwerder; 1946 Wolga Flussfrachtreederei, Gorki, **URAN**; 1961 noch in Fahrt.

Passagierschraubendampfer **ERNA**
1897 / Gebr. Maaß, Neustrelitz / ca. 25 x . m / 80 PSi / 220 Personen
... ca. 1902 Wilh. Schwarz, Zehdenick; 1935 Richard Winter, Berlin; 193. M. Brosch, Berlin; 193. in Charter der Stern und Kreisschiffahrt, Berlin; 1945 an Sowjetunion abgeliefert.

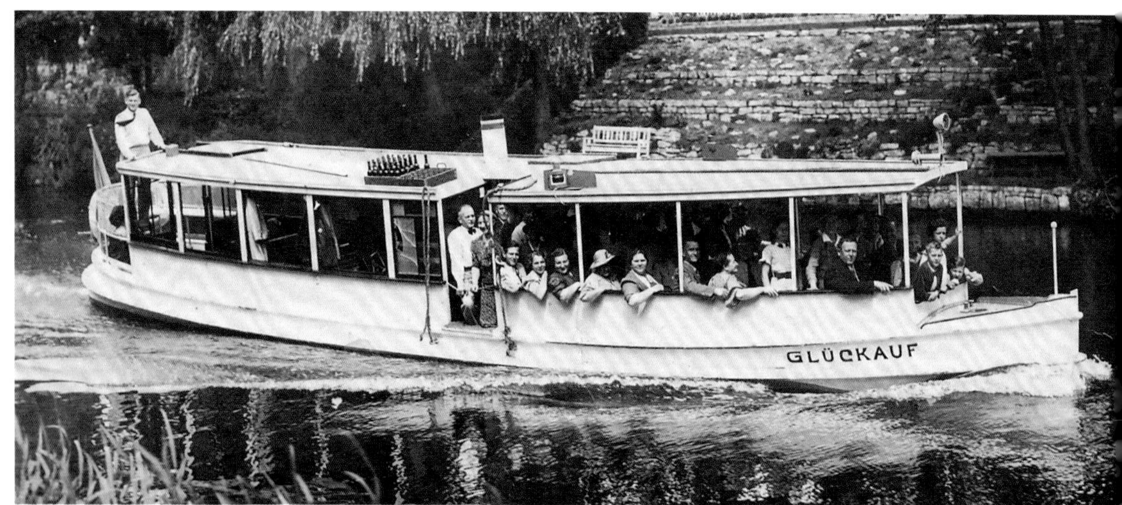

Fahrgastmotorschiff **GLÜCKAUF**
1905 / Stralau / 14,10 x 2,85 m / 20 PSe / 80 Personen
... ca. 1920 Otto Grabe, Kalkberge und Georg Beck, Woltersdorf; ca. 1931 Otto Grabe, Kalkberge; 1935 Georg Beck, Woltersdorf und Willi Laser, Berlin-Treptow; 1951 bewirtschaftet durch Deutsche Schiffahrts- und Umschlagsbetriebszentrale, Berlin; 12.1960 Produktions-Genossenschaft Werktätiger Fischer „Märkisches Höhenland“, Waldsieversdorf; 1974 73 Personen; 1986 abgestellt; 198. verkauft an Privateigner, Stienitzsee.

Fahrgastmotorschiff **RHEINLAND**
1937 / Winkler, Rüdersdorf / 32,00 x 5,00 m / . PSe / 250 Personen
Erbaut für David & Söhne, Berlin; 1969 Umbau, 36,60 m; 1974 F. & M. Schmolke, Berlin; 1976 Georg Krüger, Berlin-Spandau; 1977 ausgebrannt; 1979 nach Reparatur wieder in Fahrt; 1983 Helga Krüger, Berlin; 2016 Schiffsservice Berlin Ingo Gersbeck, Berlin-Spandau; 2023 zum Verkauf gestellt.

Fahrgastmotorschiff **OSTMARK**
1937 / Teltow-Werft, Berlin (121) / 35,00 x 5,70 m / 150 PSe / 607 Personen
Erbaut für Stern und Kreisschiffahrt AG, Berlin; Frühjahr 1945 Glienicker Lake versenkt; Frühjahr 1946 gehoben und repariert, **SATURN**; 1946 Nord-West Flussreederei, Leningrad, **GOGOL'**.
*Nach sowjetischen Akten besteht allerdings die Vermutung, dass das Schiff 1946 als **02646** erfasst wurde und dann als **ALEKSEJ TOLSTOJ** nach Leningrad kam.*

Fahrgastmotorschiff **PANKGRAF**
1884, Reiherstieg, Hamburg (353) / 31,28 x 4,65 m / . PSe / 270 Personen
Erbaut als Dampfschiff (18,30 x 4,20 m, 50 PSi) für H.E. Justus, Hamburg, **STAAR**; 11.1887 Otto Wichmann, Hamburg; 12.1907 Alsterdampfschiffahrtsges. mbH, Hamburg; 1914 Umbau (22,80 m, 70 PSi, 173 Personen), **ELECTA**; 1.1920 Hamburger Hochbahn AG, Hamburg; 3.1936 **BORGFELDE**; 11.1938 Adolf Lübeck, Berlin-Rummelsburg; 1939 Umbau, motorisiert; erst nach 1945 in Fahrt, **PANKGRAF**; 1954 Deutsche Schiffahrts- und Umschlagbetriebszentrale, Berlin; 1.1957 VEB Fahrgastschiffahrt, Berlin; 1960 **BERLINER WELLE**; 1977 bei Freyburg/Unstrut als Teil einer Staustufe versenkt.

Fahrgastmotorschiff **PIK AS**
1938 / Winkler, Rüdersdorf / 33,72 x 4,61 m / 80 PSe / 370 Personen
Erbaut für Otto Schmidt, Berlin; nach 1945 kurze Zeit unter Schweizer Flagge in Berlin, **HELVETIA**; ca. 1947 Joh. Blaser, Glindow; 1951 Otto Schmidt, Berlin, **KARO AS**; 1963 Karl-Heinz Winkler, Berlin, **EUROPA**; Ende 1979 außer Dienst; 1982 verkauft zum Abbruch.

5

Fahrgastschifffahrt im Berliner Westen (1949–1991)

1949 Fahrtaufnahme der Reederei Erich Lahe mit dem Motorschiff BUSSARD der Reederei Bigalke, die wegen Zahlungsprobleme das Schiff an die Bauwerft zurückgeben musste. Die Reederei Lahe besteht bis 1970.

1949 18. Juli: Gründung des Berliner Reederverbandes.

1950 Die Stern und Kreisschiffahrt nimmt in Westberlin den Verkehr mit ihren Dampfern SPERBER, DOROTHEA, STEGLITZ, TEMPELHOF, LANKWITZ und STOLPE auf. Weiterhin werden von den Reedereien Steffke und Kagel Schiffe angemietet.

1950 Die Reederei Kurt Klahr hat das Wrack des Motorschiffes EDELTRAUT aufarbeiten lassen und bringt das Schiff wieder in Fahrt.

1951 Die Reederei Frost übernimmt den vormaligen Hamburger Alsterdampfer ST. GEORG und setzt ihn unter dem Namen DEUTSCHLAND ein.

1952 Das Motorschiff PIONIER der Fa. Futh & Volk wird von der Stern und Kreisschiffahrt angekauft und in WANNSEE umbenannt.

1952 Erster Schiffsneubau in Westberlin mit der BERLIN für die Reederei Lahe (Totalumbau aus DONAU).

1953 Der in Rüdersdorf ansässige Reeder Bruno Winkler flieht mit seinem Dampfer DEUTSCHLAND über Hennigsdorf nach Westberlin. Die DEUTSCHLAND wird damit zu Westberlins größtem Fahrgastschiff. In der ersten Jahreshälfte fliehen mehr als 20 Schiffe aus der DDR in die Westsektoren der Stadt.

1953 Gründung der Reederei Schmolke & Söhne.

1953 Konstituierung des Reederverbandes der Westberliner Personenschiffahrt e.V. mit 30 Mitgliedsbetrieben und 60 Schiffen. Erster Vorsitzender wird Robert Kieck.

1954 Mit KOHLHASE wird der erste Neubau der Stern und Kreisschiffahrt nach dem Krieg in Fahrt gebracht.

1957 14. August: Taufe des zweiten Nachkriegsneubaus JUPITER für die Stern und Kreisschiffahrt.

1957 Mit der ERNST REUTER der Stern und Kreisschiffahrt wird das erste Großmotorschiff in Berlin in Fahrt gebracht.

1958 In Westberlin verkehren noch sechs Passagierdampfer: ALEXANDER, POSEIDON, SIEGFRIED, HOFFNUNG, SPERBER und DEUTSCHLAND.

1958 Die Reederei Ernst Fröhlich kauft in Hamburg den Doppelschrauber REIHERSTIEG an und bringt ihn als KEHRWIEDER II in Fahrt.

1960 Die Reederei Ernst Kieck gibt infolge Ablebens des Eigners ihren Betrieb auf. Sie wird von der Reederei Winkler übernommen.

1961 Die Reederei Albert Becker bringt ihr Motorschiff BRANDENBURGER TOR in Fahrt.

1963 Die Reederei Otto Schmidt gibt ihren Betrieb aus Altersgründen auf.

1963 Gründung der Reederei Triebler mit Hauptfahrtgebiet Wannsee–Spandau.

1964 21. September: Taufe des Fahrgastmotorschiffes WAPPEN VON BERLIN der Stern und Kreisschiffahrt.

1965 8. Mai: Die Stern und Kreisschiffahrt lässt ihren Neubau VATERLAND taufen. Im Spätsommer wird das Fahrgastmotorschiff PRÄSIDENT für die Reederei Schmolke in Dienst gestellt.

Fahrgastmotorschiff VATERLAND. 1. Bauform / vor Umbau 1976.

1966 In Hamburg kaufen die Reedereien Krüger und Franz Paszotta zwei Motorschiffe an. Die DOCKENHUDEN wird in SPREE-ATHEN (Krüger) umbenannt, während die MOZART (Paszotta) ihren Namen behält.

1966 4. August: Taufe des Motorschiffes GROSSER KURFÜRST der Stern und Kreisschiffahrt.

1967 Letzter Dampfer in Westberlin, SIEGFRIED (ex KAISER FRIEDRICH), wird stillgelegt.

1968 Bildung der Interessengemeinschaft Personenschiffahrt Berlin (West) mit der Stern und Kreisschiffahrt, Erich M.J. Lahe und den Reedereien Bruno Winkler, Karl-Heinz Winkler, Walter Haupt und Hans Liptow als Mitglieder. Die Gemeinschaft existiert nur zwei Jahre.

1969 8. Mai: Jungfernfahrt des Stern und Kreis-Neubaus HAVELSTERN. Der nach Vorbild Pariser Seine-Schiffe gestaltete Doppelschrauber wird zum bis dahin größten Schiff der Stern und Kreisschiffahrt.

1969 In Westberlin werden insgesamt 70 Fahrgastschiffe betrieben. Das Passagieraufkommen liegt bei ca. 2.600.000 Personen.

1971 30. Juni: Taufe des Doppelschraubenfahrgastmotorschiffes HANSEATIC für die Stern und Kreisschiffahrt. Das Schiff wurde 1981 um 10 Meter verlängert und erhielt dabei als erstes Berliner Personenschiff ein Bugstrahlruder.

Fahrgastmotorschiff HANSEATIC.

1973 2. Mai: Taufe des Fahrgastmotorschiffes MOBY DICK. Die Aufbauten erhalten die Form eines Wales. Das ungewöhnliche Design dieses Stern und Kreis-Schiffes findet allerdings keine Nachahmung.

1973 Heinz Riedel kauft die Reedereien Erich Fröhlich und Kurt Hinze auf. Das Unternehmen firmiert vorerst als Reederei Erich Fröhlich, Kurt Hinze (Inh. Heinz Riedel). Bald jedoch erfolgt die Umbenennung in Reederei Heinz Riedel.

1979 1. Januar: Der Bundesanteil an der Teltow-Kanal A.G., deren Teilhaber die Stern und Kreisschiffahrt ist, geht kostenlos an das Land Berlin über.

1987 Die Reederei Triebler wird in zwei Betriebe geteilt:
* Hartmut Triebler: ROLAND VON BERLIN, BEROLINA
* Werner Triebler: HAVELLAND, BÄR VON BERLIN

1987 Die Westberliner Fahrgastschifffahrt wird durch insgesamt 20 Reedereien betrieben. Die größten sind die Stern und Kreisschiffahrt, Bruno Winkler und Heinz Riedel.

1988 Ab den 1980er-Jahren entwickeln sich neue Einflüsse beim Fahrgastschiffdesign. Mehrfach werden Mississippidampfer nachgeahmt, wobei der Heckradantrieb nur Staffage ist. Auch die Stern und Kreisschiffahrt entzieht sich dieser Modeerscheinung nicht und bringt mit der HAVEL QUEEN ihr größtes Schiff in Fahrt.

1990 Gründung der Berliner Wassertaxi und Stadtrundfahrten GmbH (BWTS). Drei Grachtenboote werden aus Amsterdam nach Berlin überführt.

1990 2. März: Die Reederei Riedel eröffnet mit dem Fahrgastmotorschiff SCHÖNEBERG den grenzüberschreitenden Verkehr von der Cottbusser Brücke zum Müggelsee.

Doppelschraubenfahrgastmotorschiff **PIONIER**
1921 / Bausch, Köln / 27,00 x 4,28 m / 2 x 100 = 200 PSe / 350 Personen
Erbaut für Rhein-Mosel-Lahn-Gesellschaft, Koblenz, **PIONIER**; 1940 Organisation Todt, Brückenbau-Einsatz auf der Mosel, später Weichsel-Einsatz; 1945 Futh & Volk, Berlin; 1947 **WANNSEE**; 1951 Stern und Kreisschiffahrt; 1953 Umbau, 29,91 m; 1981 Fahrgastschiffahrt Heldmann, Limburg/Lahn**, STADT LIMBURG**; 1987 Personenschiffahrt Zeller-Land, Alf/Mosel, **MARIENBURG**; 1992 Saar-Personenschiffahrt GmbH & Co. KG Hanck, Saarburg, **STADT MERZIG**; 2007 Les Croisieres, Kembs, **JULIE**.

Fahrgastmotorschiff **KEHRWIEDER**
1928 / Ertel, Woltersdorf / 20,00 x 3,50 m / . PSe / 125 Personen
Erbaut für Ernst Fröhlich, Berlin [Foto oben]; 1955 Umbau (25,27 x 5,10 m, 200 Personen) [Foto unten]; 1968 K. Söllner, Kassel, **STADT KASSEL**; 1979 auf Arminius-Werft, Bodenwerder, modernisiert; 1982–1986 Einsatz auf Elbe-Seitenkanal; 1987 Umbau; 2013 Restaurantschiff am Anleger Schlagde, Kassel.

Schiffe der Reederei Otto Kagel [Postkarte ca. 1956]

Passagiermotorschiff **SCHARNHORST**
1935 / Ernst, Berlin-Köpenick / 26,00 x 4,80 m / 100 PSe / 238 Personen
Erbaut für Otto Kagel, Berlin-Wannsee/Beelitzhof; 1937 in Charter bei Stern und Kreisschiffahrt, Berlin; 1973 Neumann, Berlin; 1975 Erna Lahe, Berlin-Saatwinkel; 1980 Dieter Witte, Berlin-Saatwinkel, 190 Personen; 198. Erich Lahe, Berlin-Spandau; 1998 Reederei Prause (Bethke), Berlin; 1999 Dieter Haydinski, Berlin, **VIKTORIA**; 2.2005 Eddyline Hendrik Mann, Berlin; 2012 Umbau; 2023 in Fahrt.

Passagiermotorschiff **ALF**
1928 / Abeking & Rasmussen, Lemwerder (2355) / 15,12 x 3,81 m / 55–60 PSe / 90 Personen
Erbaut als Motoryacht für R. Schenk, Berlin, **ERES**; 192. Hermann Tietz, Berlin, **ALF**; 193. Baldur v. Schirach, Berlin; 1945 Hedwig Hansen, Berlin-Beelitzhof, Fahrgastmotorschiff; fuhr in Charter für Reederei Kagel, Berlin; 19.. verkauft an eine Baufirma; 3.1961 **IRIS**; 196. Herbert Grundmann, Berlin, **SANTA MARIA**, Einsatz auf Ratzeburger See; 1968 Bernd Romig, Haßberg b. Hohwacht, **NORDSTERN**, Umbau; 1972 aufgelegt; 1975 nach Recklinghausen verkauft, Sportboot.

Passagiermotorschiff **TROLL**
1926 / Papst, Berlin-Köpenick / 18,23 x 3,48 m / . PSe / 90 Personen
Erbaut für Otto Kagel, Berlin-Wannsee-Beelitzhof; nach 1945 Reed. Steffke, Berlin-Spandau; 19.. in Charter bei Stern und Kreisschiffahrt, Berlin; 1973 Reederei Neumann, Berlin; 1987 Günther Taube, Berlin, **PAULE**; 1989 Roland Fahrenbach, Speyer, **ÄNNCHEN**, Handelsboot; 2004 Rainer Eiermann, Berlin-Tegel; 2005 **ALT TEGEL**; 2007 Restaurantschiff Groß Köris, **KLABAUTERMANN**; 2023 Schiff noch vorhanden.

Passagiermotorschiff **FEE**
1926 / Mathan, Berlin-Köpenick / 12,48 x 2,38 m / 74 PSe / 51 Personen
Erbaut für Stabenow, Berlin, **WILLKOMMEN**; 1947 Herta Conrads, Berlin; 1949 Reederei Otto Kagel, Berlin-Wannsee/Beelitzhof, **FEE**; 1958 Stern und Kreisschiffahrt, Berlin; 1966 Dienstboot; 1974 Abwrackwerft Möritz, Berlin-Spandau, Bugsierboot; 19.. Sportboot; 2012 Wolf Streibel, Berlin, Charterfahrten; 2016 an Privateigner verkauft.

Fahrgastmotorschiff **ANGELA**
1952 / Eigenbau, Berlin-Tegel / 22,26 x 4,01 m / 150 PSe / 150 Personen
Erbaut aus einem Fährboot für Hans Liptow, Berlin-Tegel [Foto oben: ca. 1960]; 1969 August Vogt, Berlin-Konradshöhe; 1977 Siegfried Pfeifer, Berlin; 1979 Umbau, 25,52 m; 2006 Wilfried Vogt, Berlin; 2009 Eddyline, Berlin; 2014 Reederei Lüdicke, Berlin-Spandau [Foto unten: 5.4.2015]; 2019 Orlicka lodní doprava, Orlík, **SV. ANNA**.

Doppelschraubenfahrgastmotorschiff **GISELA**
1953 / Wiese-Werft, Berlin-Spandau / 20,00 x 4,50 m / 2 x 100 = 200 PSe / 99 Personen
Neuaufbau für Günter Herzog, Berlin-Spandau, *wahrscheinlich aus Wrack des Fahrgastmotorschiffes* **HEIMKEHR** *(1935, Bootswerft Rake, Berlin-Tegel)*; 19.. Herbert Foge, Berlin; 1966 Umbau (24,0 m Länge, 200 Personen); 1969/70 weiterer Umbau (28,4 x 7,3 m, 300 Personen); Foto: ca. 1970; 11.1985 Bruno Winkler, Berlin; 1986 zur Ems verkauft, **EMS**; ca. 1999 abgewrackt.

Fahrgastmotorschiff **AMOR**
1907 / Wiemann, Brandenburg (77) / 32,03 x 5,88 m / 220 PSe / 300 Personen
Erbaut als Schleppdampfer (26,50 x 5,40 m, 250 PSi) für W. Ehrentreich, Zerpenschleuse, **ILTIS**; 1917–1918 Schiffahrtsabteilung des Feldeisenbahnchefs Heer; 1940 Transport-Genossenschaft zu Berlin, Berlin, **NIEDERBARNIM**; 1958 Alfred Schmolke, Berlin, Umbau zum Fahrgastmotorschiff, **AMOR**; 1980 Heinz Riedel, Berlin; 1983 gesunken; 4.1984 gehoben und erneut eingesetzt; 1999 verkauft, Diskothekschiff **LATERNA**; 2001 Gaststättenschiff **OKEANOS**; 2017 abgestellt und abgewrackt.

Spezial Bus- und Schiffsrundfahrt

Special Land- and Waterway Tour

BERLINER BÄREN STADTRUNDFAHRT
Berlin 30, Budapester Str. 10 (Hilton-Kolonnade)
Telefon / Phone: 13 30 70 + 89 16 16

Fahrgastmotorschiff **SANSSOUCI**
1964 / Lanke-Werft, Berlin / 21,00 x 4,36 m / 94 PSe / 70 Personen
Erbaut im Typ eines Grachtenbootes für Berliner Bären Stadtrundfahrt, Berlin; 1976 Reederei Herbert Ekkenga AG, Bad Zwischenahn, **NIEDERSACHSEN**; 2008 Schiffahrtsbetrieb Baumgart & Zeuner GbR, Diera-Zehren, **PRINZ ALBERT**; 201. verkauft.

Fahrgastmotorschiff **KARIN**
1949 / Wiese-Werft, Berlin-Spandau / 16,05 x 3,56 m / 45 PSe / 95 Personen
Erbaut für Max Steffke, Berlin-Spandau, Betriebsgemeinschaft mit Stern und Kreisschiffahrt, Berlin; 1955 Umbau; 1960 übernommen durch Stern und Kreisschiffahrt, Berlin, erneuter Umbau (18,46 m, 94 PSe), **SIRIUS** [Foto]; 1971 Umbau (16,85 m) zum Schlepp- und Schubboot; 2004 an Privateigner verkauft; 2011 abgewrackt.

Passagierdampfer **DEUTSCHLAND**
1876 / Reiherstieg-Werft, Hamburg (294) / 20,10 x 4,20 m / 70 PSi / . Personen
Erbaut für H. E. Justus, Hamburg (45 PSi; 150 Personen), **FALKE**; 1910 Umbau, 70 PSi; 1.1911 **GALATEA**, 177 Personen; 1.1920 Hamburger Hochbahn-AG., Hamburg; 2.1936 **ST. GEORG**; 11.1948 Robert Karl Krenz, Stelle; 11.1950 Stern und Kreisschiffahrt, Berlin, **DEUTSCHLAND**; 1952 motorisiert, 150 PSe; 1961 Umbau, 24,12 x 4,2 m, 143 Personen; 1969 **PLANET**; 1978 Lagerschiff Berlin-Wannsee, Spitzname **PUROLATOR**; 1989 Verein Alsterdampfschiffahrt e.V., Hamburg, Rückbau zum Anfangszustand ab 1992 auf Schiffswerft Dresden-Laubegast; ab 1994 in Fahrt als **ST. GEORG**.

Passagierdampfer **DEUTSCHLAND**
1942 / Winkler, Rüdersdorf / 36,85 x 7,00 m / 275 PSi / 560 Personen
Erbaut für eigene Rechnung; erst 1950 in Fahrt gebracht; 1953 Bruno Winkler flüchtet mit seinem Schiff nach Westberlin; 1962 motorisiert, 250 PSe, 380 Personen; 1987 Reederei Karl-Heinz Winkler, Berlin; 1997 Simone Prause, Berlin; 2005 Restaurantschiff; 2010 erneute Fahrtaufnahme; 2012 Handelsagentur Thümmler, Mittenwalde; vermutlich um 2022 abgewrackt.

Fahrgastmotorschiff **DANZIG**
1919 / . / 18,72 x 3,32 m / . PSe / 140 Personen
… ca. 1931 Erich Bigalke, Berlin-Tegel, **HEINZ**; nach 1945 Reederei Lahe, Berlin-Saatwinkel; 19.. **DANZIG**; 1979 abgewrackt.

Fahrgastmotorschiff **ONKEL PAUL IV**
1910 / . / 15,13 x 2,99 m / . PSe / 100 Personen
Erbaut für Strausberger Eisenbahn, Strausberg, **HELGOLAND**; 1920 Einsatz in Rüdersdorf; 1935 Paul Bauer, Berlin-Tegel, **ONKEL PAUL IV**; 1952 Umbau [Foto: nach 1952]; 19.. **ONKEL PAUL**; 1964 Günter Taube, Berlin-Tegel; 1967 Walter Haupt, Berlin-Tegel; 1970 Günter Taube, Berlin-Tegel; 197. Lebensmittelverkaufsboot **PRÄPELBOOT I**; 3.1985 im Hafen Berlin-Britz gesunken; 1985 gehoben, vermutlich abgewrackt.

Fahrgastmotorschiff **FAUN**
1951 / Francke, Berlin-Spandau / ca. 16 x 3,28 m / 55 PSe / 93 Personen
Erbaut für Max Steffke, Berlin-Spandau; 1960 Stern und Kreisschiffahrt, Berlin, **SATURN**, Umbau (20,71 x 3,28 m, 35 PSe, 130 Personen) [Foto: nach 1954]; 1964 erneuter Umbau (22,68 x 3,28 m, 60 PSe, 110 Personen); 1971 Werner Schillow, Berlin, **NIXE**; 1977 verkauft an eine Jugendgruppe; 1981 Reederei Schröder, Friedrichstadt, 95 PSe, **APOLLO II**; 198. verkauft.

Fahrgastmotorschiff **BRIGITTE**
1953 / Franke-Werft, Berlin-Spandau / 22,00 x 4,96 m / 120 PSe / . Personen
Erbaut für Otto Schmidt, Berlin; 19.. Hans Liptow, Berlin-Tegel; 1965 Umbau, 32,07 m, 300 Personen; 1975 Heinz Riedel, Berlin [Foto oben:]; 1999 Umbau, 39,90 m; 2000 **SPREE-PRINZESSIN** [Foto unten:]; 2023 in Fahrt.

Fahrgastmotorschiff **WOLFGANG**
1927 / Ertel, Woltersdorf / 24,28 x 3,77 m / 75 PSe / 140 Personen
Erbaut für Hermann Zimmermann, Woltersdorf (20,00 x 4,00 m); 1930 Kurt Hinze, Erkner; 1935 verlängert; 1953 nach Westberlin geflüchtet; 1961 Umbau (28,28 x 5,52 m, 125 PSe, 300 Personen), **SCHLESIEN**; 1970 Reederei Haupt, Berlin-Spandau, geplante, aber nicht realisierte Umbenennung in **ALTE LIEBE**; 1971 in Charter bei Stern und Kreisschiffahrt, Berlin, **METEOR**; 1975 Ankauf; 1978 außer Dienst; 1.1984 abgewrackt.

Fahrgastmotorschiff **REICHENAU**
1928 / Bodan-Werft, Kressbronn / 19,00 x 4,00 m / 165 PSe / 100 Personen
Erbaut für Deutsche Reichsbahn – Bodenseeschiffahrt, Radolfzell; 1945 Generaldirektion der Südwestdeutschen Eisenbahnen; 1952 Deutsche Bundesbahn; 1961 Walter Haupt, Berlin-Tegel [Foto oben]; 1970 Reederei Bethke, Berlin-Tegel, Umbau (28,80 x 6, 62 m, 280 Personen), **TEGEL**; 1977 Umbau (44,66 x 7,04 m, 400 Personen), **SEUTE DEERN**; 1988 erneuter Umbau, u.a. neues Vorschiff (51,00 x 9,00 m, 220 PSe, 600 Personen), **BERLIN** [Foto unten]; 2017 neue motorisiert; 2023 in Fahrt.

Doppelschraubenfahrgastmotorschiff **PRÄSIDENT**
1965 / Rumpf: Deutsche Industriewerke, Berlin-Spandau, Ausbau in Eigenleistung / 49,51 x 8,0l m / 2 x 240 = 480 PSe / 800 Personen
Erbaut für Franz & Alfred Schmolke, Berlin; 1978 Bruno Winkler, Berlin; 1996 Fahrgastschiffahrt Tangermünde Reederei Kaiser, Tangermünde; 2023 in Fahrt.

Fahrgastmotorschiff **SPREE-ATHEN**
1949 / Renck, Hamburg (692) / 25,95 x 5,30 m / 150 PSe / 250 Personen
Erbaut für Hafendampfschiffahrt AG, Hamburg, **DOCKENHUDEN**; 11.1965 Georg Krüger, Berlin, **SPREE-ATHEN**; 1969 Umbau, 31,60 m; 1981 Otto Feister, Berlin; 1989 Heinz Riedel, Berlin; 1997 Reederei Riedel GmbH, Berlin.

Doppelschraubenfahrgastmotorschiff **MOBY DICK**
1973 / Büsching & Rosemeyer, Vlotho (241) / 48,31 x 8,20 m / 420 PSe / 486 Personen
Erbaut für Stern und Kreisschiffahrt, Berlin; 2023 in Fahrt.

Fahrgastmotorschiff **SPREEKIEKER**
1962 / Ruhrorter Schiffswerft, Duisburg (302) / 30,00 x 5,25 m / 180 PSe / 250 Personen
Erbaut für Essener Verkehrs-AG, **GRUGA**; 9.1983 Spreefahrt Horst Duggen, **SPREEKIEKER**; 1987 Heinz Riedel, Berlin, **RIXDORF**; 1997 Heinz Riedel GmbH, Berlin.

Fahrgastmotorschiff **JAN**
1959 / Holst, Hamburg (231) / 13,50 x 3,20 m / 87 PSe
Erbaut als Motorbarkasse für HAPAG, Hamburg, **TECHNISCHER BETRIEB II**; 5.1987 Arnold Ritscher, Hamburg; 5.1987 Spreefahrt Horst Duggen, Berlin, **JAN** [Foto: 28.8.1993]; 1990 R. Meike, Oder-Havel-Schiffahrt, Niederfinow; 1994 Spreefahrt Horst Duggen, Berlin; 1997 **TARZAN**; 2005 Hauptmann-Tours, Berlin-Köpenick, **WILHELM**; ca. 2010 an Privateigner verkauft; 2021 erneuter Eignerwechsel, **FRITZCHEN 59**.

Fahrgastmotorschiff **SPREEKIEKER**
1961 / Garbers, Hamburg (26) / 15,64 x 4,01 m / 172 PSe / . Personen
Erbaut als Motorbarkasse für OHG Max Steltzer, Hamburg, 115 PSe, **CORREKT**; 2.1971 172 PSe; 6.1987 Arnold Ritscher, Hamburg; 6.1987 Reederei Spreefahrt Horst Duggen, Berlin, **SPREEKIEKER** [Foto: 5.9.1993]; 200. Roland Eiermann, Berlin; 2009 M.-O. Lüdicke, Berlin, **MARIELLCHEN**; 20.. Berlin Bootsverleih, Berlin, **MATHILDA**; 2023 in Fahrt.

Fahrgastmotorschiff **SCHÖNEBERG**
1973 / Büsching & Rosemeyer, Vlotho (246) / 40,00 x 5,80 m / 125 PSe / 400 Personen
Erbaut für Mindener Fahrgastschiffahrt Max Torges, Minden (28,00 x 5,80 m, 170 PSe, 300 Personen), **HELENA**; 1988 Heinz Riedel, Berlin, Umbau, **SCHÖNEBERG**; 1997 Reederei Riedel GmbH, Berlin.

Fahrgastmotorschiff **SPREE-LADY**
1965/66 / Lux-Werft, Mondorf (20) / 29,60 x 5,60 m / 250 PSe / 200 Personen
Erbaut für Hans Henneberger Personenschiffahrt, Miltenberg, 24,3 m, **GOETHE**; 197. Rhein-Mosel-Personenschiffahrt Urmetzer & Zimmermann, Köln/Traben-Trarbach, **GRÄFIN LORETTA**; 1974 Umbau, verlängert; 1986 Bärbel Türke und Andre Budras, Schnackenburg, **FÜRST BISMARCK**; 6.1990 Reederei Heinz Riedel, Berlin, **SPREE-LADY**; 1993–1997 Einsatz in Halle/S; seit 1998 wieder in Berlin; 2007 Umbau [Foto: 4.2015].

6

Fahrgastschifffahrt im Berliner Osten (1949–1991)

1949 Fertigstellung der DEUTSCHLAND als letztem Dampferneubau in Berlin.

1949 1. Oktober: Gründung des VEB Deutsche Schiffahrts- und Umschlagsbetriebszentrale (DSU).

1949 *7. Oktober: Gründung der Deutschen Demokratischen Republik mit Ostberlin als Hauptstadt.*

1950 Die DSU beginnt mit den Schiffsankauf von privaten Eignern.

1951 5. Juli: Das von einem Benzinmotor als Notbehelf angetriebene Motorschiff HEIMATLAND (Eigner: Erich Weise) gerät oberhalb der Treptower Eisenbahnbrücke in Brand und explodiert. An Bord befinden sich viele Schulkinder. Das Unglück fordert 30 Todesopfer.

1953 Der ehemals in Stettin ansässige Reeder Gustav Schulz flüchtete mit einigen seiner Schiffe nach Loitz an der Peene. Später wurde deren Heimatort nach Birkenwerder verlegt und die Dampfer verkehrten in Ostberlin ab Jannowitzbrücke.

1953 1. Mai: Gründung des VEB Deutsche Schiffahrts- und Umschlagsbetriebe (DSU). Das Unternehmen wird Ende 1956 aufgelöst.

1957 1. Januar: Gründung des VEB Fahrgastschiffahrt Berlin.

Fahrplan von 1956.

1959 Die bisher zum VEB Fahrgastschiffahrt Berlin gehörenden Betriebsteile Potsdam und Brandenburg wurden ausgegründet als VEB Verkehrsbetriebe Potsdam – Fahrgastschiffahrt und VEB Verkehrsbetriebe – Fahrgastschiffahrt.

1959 1. Mai: Die Schiffe der ersten „Stadtbezirksklasse“ TREPTOW, PRENZLAUER BERG, FRIEDRICHSHAIN und KÖPENICK werden in Dienst gestellt. Es sind die ersten Ostberliner Fahrgastschiffe mit Sonnendeck. Alle Fahrzeuge müssen schon 1964 wegen Konstruktionsproblemen außer Dienst gestellt werden.

1960 In Ostberlin sind insgesamt 73 Fahrgastschiffe in Fahrt, davon 36 „Volkseigene“, 32 durch staatliche Betriebe gecharterte Privatschiffe und fünf Privatschiffe. Es werden 1.843.900 Passagiere befördert.

1961 *13. August: Die Regierung der DDR schließt die bis dahin offene Sektorengrenze zu Westberlin – Bau der Mauer.*

1961 Mit dem Mauerbau werden Fahrten ab der Jannowitzbrücke eingestellt.

1961 Aus einer Serie von acht Großmotorschiffen werden vier nach Berlin geliefert, die sogenannte „Dichterklasse“: JOHANNES R. BECHER, BERTOLD BRECHT, FRIEDRICH WOLF und HEINRICH MANN.

1962 8. Juni: Besatzungsangehörige der FRIEDRICH WOLF steuern das Schiff unter heftigem Beschuss zur Einfahrt des Landwehrkanals. 14 Personen gelingt die Flucht.

Motorfahrgastschiff BUMMI.

1962 Die Weiße Flotte bringt die beiden Motorschiffe BUMMI und BRUMMEL, ebenso die Fährboote FLAX und KRÜMEL in Fahrt.

1964 Die Weiße Flotte stellt das Kabinenschiff SPREE in Dienst. Es handelt sich um den vormaligen Nobiling-Dampfer WINTERMÄRCHEN II ex WINTERMÄRCHEN.

1968 Die ARCONA, das letzte Ostberliner Dampfschiff wird motorisiert.

1969 1. Januar: Gründung des VEB Kombinat Berliner Verkehrsbetriebe (BVB). Die „Weiße Flotte“ wird zum Betriebsteil.

1970 Die Weiße Flotte nennt insgesamt 17 ihrer Schiffe um. Es handelt sich um vormalige Fahrzeuge von Privatreedern, die nun im Wesentlichen geographische Namen erhalten.

1970 April: mit der TREPTOW wird das erste Schiff der zweiten „Stadtbezirksklasse“ in Dienst gestellt. Bis 1980 folgen KÖPENICK, FRIEDRICHSHAIN, LICHTENBERG, PANKOW und PRENZLAUER BERG.

1972 Bis auf die Reederei Kutzker werden die letzten Privatreeder enteignet.

1976 Mit der WILHELM PIECK wird das neue Flaggschiff der Weißen Flotte in Dienst gestellt.

1977 Beginn der Bauserie „Binnenfahrgastschiff Typ III“ (BiFa III) beim VEB Yachtwerft Berlin. Erste Großserie von Fahrgastschiffen in Berlin, sogenannte Raubvogelklasse, erstes Schiff der Serie MS BUSSARD. Ab 1983 gab es eine verlängerte Variante. Mit dem 60. Schiff wird die Großserie 1988 beendet.

1979 Gründung des VEB Kombinat Verkehrsbetriebe Berlin (BVB), dem die Weiße Flotte zugeordnet wird.

1982 In Ostberlin sind 32 Fahrgastschiffe im Einsatz. Es werden 1.266.000 Passagiere befördert.

1989 *9. November: Die innerdeutsche Grenze wird geöffnet. In Berlin fällt die Mauer.*

1990 März: Umbennung von Schiffen der Weißen Flotte: WILHELM PIECK in MARK BRANDENBURG, JOHANNES R. BECHER in MECKLENBURG, BERTOLD BRECHT in SACHSEN-ANHALT, FRIEDRICH WOLF in THÜRINGEN, HEINRICH MANN in SACHSEN, ALEXANDER FUTRAN in STOLZENFELS und FRIEDENSWACHT in DOROTHEENSTADT.

Umfirmierung des VEB Kombinat Berliner Verkehrsbetriebe in Berliner Verkehrsbetriebe (BVB).

1990 3. März: Gemeinsame Saisoneröffnung der Weißen Flotten Berlin und Potsdam mit der Stern und Kreisschiffahrt auf dem Wannsee.

Fahrgastmotorschiff **FRIEDA-HERTA**
1927 / Fürstenberg i.M. / 18,00 x 3,94 m / 55 PSe / 115 Personen
… ca. 1934 Heinrich Palm, Fürstenberg i.M.; 1946 in Charter bei Karl Hintze, Berlin; 19.. in Charter bei Hermann Voigt, Berlin; vermutlich vor 1957 außer Dienst.

Personendampfer **ELLA**
1864 / Vulcan, Bredow (44) / 25,11 x 3,76 m / 80 PSi / 100 Pers.;
Erbaut für J.F. Braeunlich, Stettin, **NAJADE**; 1900 Stettin-Wollin-Cammin-Dievenower Dampfschiffs-Ges., Cammin; 11.1911 H. Eduard Finke, Fürstenberg/O., Umbau, **GRETCHEN**; 4.1913 August Blankenburg, Fürstenberg/O., **WALTER**; 4.1931 Fritz Christoph, Fürstenwalde, **ALBATROS**; 5.1938 Erich Fischer, Berlin, Heimatort: Kaisermühl b. Müllrose; 11.1940 **ELLA**; 1949 160 Personen [Foto: ca. 1953]; 9.1973 im Register gelöscht, da abgewrackt.

Fahrgastmotorschiff **ALEXANDER FUTRAN**
1953 / VEB Yachtwerft Berlin (0092) / 16,76 x 4,00 m / 70 PSe / 90 Personen
Erbaut für VEB Weiße Flotte, Berlin; 1968 Einsatz in Schmöckwitz, **FÄHRE I**; 1992 Stern und Kreisschiffahrt GmbH, Berlin; 2007 außer Dienst; 2008 Charterbetrieb Reederei Kutzker, Grünheide; 2009 Umbau, 100 PSe, 32 Personen, **LÖCKNITZ** [Foto: 2012]; 2023 in Fahrt.

Schiffe der (1.) Stadtbezirksklasse

Fahrgastmotorschiff **TREPTOW**
1958 / VEB Yachtwerft, Berlin-Köpenick (2302/1) / 32,03 x 5,10 m / 2 x 120 = 240 PSe (Diesel-Elektro) / 277 Personen
Erbaut für VEB Fahrgastschiffahrt Berlin; 1964 außer Dienst, da nicht bewährt; 1964 Rat des Stadtbezirks Berlin-Köpenick, schwimmende Gaststätte **SPREE-ATHEN**; nach 1974 HO-Gaststätten Berlin, Krössinsee; 1978 zum Abbruch an Eckhardt & Co., Hamburg; 1978 Ritscher Yachtclub e.V., Hamburg, schwimmendes Klubhaus, **RITSCHERSCHLEUSE**; 1990 Yachtklub Dillingen, **STADT DILLINGEN**; 2020 Club Maritime Europe, Apach, ohne Namen; 2005 gesunken; 2006 gehoben, an Land aufgestellt.

Fahrgastmotorschiff **PRENZLAUER BERG**
1958 / VEB Yachtwerft, Berlin-Köpenick (2301/2) / 33,90 x 5,05 m / 2 x 120 = 240 PSe (Diesel-Elektro) / 250 Personen
Erbaut für VEB Fahrgastschiffahrt Berlin; 1964 außer Dienst, da nicht bewährt; 1964 Rat des Stadtbezirks Berlin-Köpenick, schwimmende Gaststätte **FRIEDENSTAUBE**; 1965 HO-Gaststätten Berlin, Krössinsee; 8.1974 Büro des Ministerrats der DDR, Umbau zum Wohnschiff, **BERLIN**; vermutlich 198. abgewrackt.

Fahrgastmotorschiff **KÖPENICK**
1959 / VEB Yachtwerft, Berlin-Köpenick (2301/3) / 33,90 x 5,05 m / 2 x 120 = 240 PSe (Diesel-Elektro) / 250 Personen
Erbaut für VEB Fahrgastschiffahrt Berlin; 1964 außer Dienst, da nicht bewährt; 1966 Umbau zum Büroschiff auf Schiffswerft Laubegast, (BNr. 135) zu stationärem Kontrollschiff der Zollverwaltung der DDR, Berlin; 19.. Ministerium für Staatssicherheit, Kampfschwimmerschule; 19.. in Parey an Land gesetzt; 2002 abgewrackt.

Fahrgastmotorschiff **FRIEDRICHSHAIN**
1959 / VEB Yachtwerft, Berlin-Köpenick (Typ 2.301/4) / 33,90 x 5,05 m / 2 x 120 = 240 PSe (Diesel-Elektro) / 277 Personen
Erbaut für VEB Fahrgastschiffahrt Berlin; 1964 außer Dienst, da nicht bewährt; 1965 Gaststättenschiff **KUHLE WAMPE**; 1974 HO-Gaststätten Berlin, Krössinsee; 1978 Eckhardt & Co., Hamburg, abgewrackt.

Schiffe der Dichterklasse / Länderklasse

Fahrgastmotorschiff **JOHANNES R. BECHER**
1961 / VEB Schiffswerft „Edgar André", Magdeburg-Rothensee / 52,87 x 7,70 m / 450 PSe / 648 Personen
Erbaut für VEB Fahrgastschiffahrt, Berlin; 1991 **MECKLENBURG**; 1992 Stern und Kreisschiffahrt GmbH, Berlin; 1997 Oder-Haff Seetours Reederei Peters GmbH, Ueckermünde; 2005 (Litauen), Klaipeda; 2012 Riga; 2017 Żegluga Pasażerska Sp. z o.o., Wrocław, **WRATISLAVIA**.

Fahrgastmotorschiff **FRIEDRICH WOLF**
1961 / VEB Schiffswerft „Edgar André", Magdeburg-Rothensee / 52,87 x 7,70 m / 450 PSe / 654 Personen
Erbaut für VEB Fahrgastschiffahrt, Berlin; 1991 **THÜRINGEN**; 1992 Stern und Kreisschiffahrt GmbH, Berlin; 4.1999 Oder-Haff Seetours Reederei Peters GmbH, Ueckermünde; 2004 aufgelegt; 2008 Robbenforschungszentrum Warnemünde, **LICHTENBERG**.

Fahrgastmotorschiff **BERTOLT BRECHT**
1961/62 / VEB Schiffswerft „Edgar André", Magdeburg-Rothensee / 52,87 x 7,70 m / 450 PSe / 654 Personen
Erbaut für VEB Fahrgastschiffahrt Berlin; 1991 **SACHSEN-ANHALT**; 1992 Stern und Kreisschiffahrt GmbH, Berlin; 3.1998 Insel- und Halligreederei Sven Paulsen, Altwarp, **ADLER RIVER**; 2005 Cruise Prague, Praha, **CLASSIC RIVER**.

Fahrgastmotorschiff **HEINRICH MANN**
1962 / VEB Schiffswerft „Edgar André", Magdeburg-Rothensee / 52,87 x 7,70 m / 450 PSe / 654 Personen
Erbaut für VEB Fahrgastschiffahrt, Berlin; 1991 **SACHSEN**; 1992 Stern und Kreisschiffahrt GmbH, Berlin; 2014 Guido Krohmann, Gelsenkirchen, **PIRAT**; 2020 Hochschule der Künste, Bremen, **DAUERWELLE**.

Schiffe der (2.) Stadtbezirksklasse

Passagiermotorschiff **TREPTOW**
1970 / VEB Schiffswerft Mukrena / 32,70 x 5,00 m / 192 PSe / 308 Personen
Erbaut für VEB Berliner Verkehrsbetriebe, Weiße Flotte, Berlin; 1992 Stern und Kreisschiffahrt GmbH, Berlin; 2008 Umbau; 2023 in Fahrt.
Ursprünglich geplant als „Reko-Bau" (Totalumbau) aus **SCHARMÜTZELSEE** ex **STOLZENFELS** (1914 / Grasnick, Friedrichshagen), nicht realisiert.

Fahrgastmotorschiff **KÖPENICK**
1974 / VEB Schiffswerft Mukrena / 39,58 x 5,08 m / 208 PSe / 315 Personen
Erbaut für VEB Berliner Verkehrsbetriebe, Weiße Flotte, Berlin; 1992 Stern und Kreisschiffahrt GmbH, Berlin; 1999 Reederei Wiedenhöft, Joachimstal, vorgesehener, aber nicht realisierter Name **BARNIM**; 2000 vor Einsatz an Christian Wiese, Handorf, kurzzeitiger Einsatz im Hamburger Hafen; 2000 Werft Malz; 2001 Weiße Flotte Fahrgastschifffahrt Schwerin GmbH, Schwerin, Umbau, **LÜBZ**; 2016 neu motorisiert.

Fahrgastmotorschiff **FRIEDRICHSHAIN**
1975 / VEB Schiffswerft Mukrena / 39,56 x 5,08 m / 208 PSe / 306 Personen
Erbaut für VEB Kombinat Berliner Verkehrsbetriebe, Weiße Flotte, Berlin; 1992 Stern und Kreisschiffahrt GmbH, Berlin; 2000 Umbau [Foto: 28.7.2021]; 2023 in Fahrt.

Fahrgastmotorschiff **LICHTENBERG**
1976 / VEB Schiffswerft Mukrena / 39,43 x 5,08 m / 208 PSe / 288 Personen
Erbaut für VEB Berliner Verkehrsbetriebe, Weiße Flotte, Berlin; 1992 Stern und Kreisschiffahrt GmbH, Berlin; 2023 in Fahrt.

Fahrgastmotorschiff **PANKOW**
1977 / VEB Schiffswerft Mukrena / 39,60 x 5,08 m / 212 PSe / 269 Personen
Erbaut für VEB Kombinat Berliner Verkehrsbetriebe, Weiße Flotte, Berlin; 1992 Stern und Kreisschiffahrt GmbH, Berlin; 2007 neu motorisiert; 2023 in Fahrt.

Fahrgastmotorschiff **PRENZLAUER BERG**
1980 / VEB Schiffswerft Mukrena / 39,65 x 5,08 m / 208 PSe / 284 Personen
Erbaut für Kombinat Berliner Verkehrsbetriebe, Weiße Flotte, Berlin; 1992 Stern und Kreisschiffahrt GmbH, Berlin; 2004 neu motorisiert; 2023 in Fahrt.

Fahrgastmotorschiff **WILHELM PIECK**
1976 / VEB Schiffswerft Genthin / 66,95 x 8,19 m / 450 PSe / 486 Personen
Erbaut für VEB Kombinat Berliner Verkehrsbetriebe, Weiße Flotte, Berlin; 1991 **MARK BRANDENBURG** [Foto: 24.8.2013]; 1992 Stern und Kreisschiffahrt GmbH, Berlin; 2023 in Fahrt.

Schiffe der Raubvogelklasse

Fahrgastmotorschiff **BUSSARD**
1977 / VEB Yachtwerft, Berlin-Köpenick (Typ Bifa III, 1111.01/1) / 28,70 x 5,10 m / 122 PSe / 124 Personen
Erbaut für VEB Kombinat Berliner Verkehrsbetriebe, Weiße Flotte, Berlin; 1992 Stern und Kreisschiffahrt GmbH, Berlin; 5.1995 in Charter Malchower Fahrgastschiffahrt und Tschu-Tschu Bahn GbR (Mike Pickran und Rolf Sundermeier), Malchow, 148 Personen; 9.1995 zum Eigentum erworben, **STADT MALCHOW (MECKL)**; 1997 Malchower Fahrgastschiffahrt und Müritz-Tschu-Tschu Bahn Mike Pickran, Malchow; 1999 **STADT MALCHOW**; 2007 Reederei Mike Pickran - Malchower Fahrgastschiffahrt e.K., Malchow; 2009 in Charter Weiße Flotte Müritz GmbH, Waren; 2023 in Fahrt.

Fahrgastmotorschiff **HABICHT**
1978 / VEB Yachtwerft, Berlin-Köpenick (Typ Bifa III, 1111.01/7) / 28,47 x 5,10 m / 122 PSe / 124 Personen
Erbaut für VEB Kombinat Berliner Verkehrsbetriebe, Weiße Flotte, Berlin; 1992 Stern und Kreisschiffahrt GmbH, Berlin; 2002 Umbau; 2023 in Fahrt.

Passagiermotorschiff **SPERBER**
1979 / VEB Yachtwerft, Berlin-Köpenick (Typ Bifa III, 1111.01/12) / 28,50 x 5,10 m / 122 PSe / 154 Personen
Erbaut für VEB Kombinat Berliner Verkehrsbetriebe, Weiße Flotte, Berlin; 1992 Stern und Kreisschiffahrt GmbH, Berlin; 3.1996 Plauer Fahrgastschiffahrt GbR Dietmar Salewski und Diana Oldenburg, Plau, 138 Personen, **LORELEY**; 1997 Plauer Fahrgastschiffahrt GbR Dietmar und Diana Salewski, Plau; 2023 in Fahrt.

Fahrgastmotorschiff **MILAN**
1979 / VEB Yachtwerft, Berlin-Köpenick (Typ Bifa III, 1111.01/18) / 28,47 x 5,10 m / 122 PSe / 124 Personen
Erbaut für VEB Kombinat Berliner Verkehrsbetriebe, Weiße Flotte, Berlin; 1992 Stern und Kreisschiffahrt GmbH, Berlin; 2002 Umbau; 2023 in Fahrt.

Fahrgastmotorschiff **WEIHE**
1981 / VEB Yachtwerft, Berlin-Köpenick (Typ Bifa III, 1111.01/25) / 28,47 x 5,10 m / 122 PSe / 124 Personen
Erbaut für VEB Kombinat Berliner Verkehrsbetriebe, Weiße Flotte, Berlin; 1992 Stern und Kreisschiffahrt GmbH, Berlin; 2002 Umbau; 2023 in Fahrt.

Fahrgastmotorschiff **FRIEDRICHSTADT**
1982 / VEB Yachtwerft, Berlin-Köpenick (Typ Bifa III, 1111.01/32) / 122 PSe / 28,47 x 5,10 m; 40 Personen
Erbaut für „Hotel Metropol", Berlin; 1992 Wirtshaus Schildhorn, Berlin, **SCHILDHORN**; 2002 T & T Veranstaltungsservice & Dienstleistungen GmbH & Co. KG, Berlin; nach 2003 Umbau; 2016 Lex Event, Berlin, **LEX**; 2023 vorhanden.

Fahrgastmotorschiff **BEROLINA**
1987 / VEB Yachtwerft, Berlin-Köpenick (Typ Bifa III, 1111.46/48) / 32,10 x 5,10 m / 122 PSe / 164 Personen
Erbaut für VEB Kombinat Berliner Verkehrsbetriebe, Weiße Flotte, Berlin; 1992 Stern und Kreisschiffahrt GmbH, Berlin; 2003 Umbau [Foto: 10.6.2023].

Fahrgastmotorschiff **MONBIJOU**
1987 / VEB Yachtwerft, Berlin-Köpenick (Typ Bifa III, 1111.46/50) / 32,10 x 5,10 m / 122 PSe / 164 Personen
Erbaut für VEB Kombinat Berliner Verkehrsbetriebe, Weiße Flotte, Berlin; 1992 Stern und Kreisschiffahrt GmbH, Berlin; 2002 Umbau; 2023 in Fahrt.

7

Fahrgastschifffahrt im wiedervereinigten Berlin (1991–2023)

1991 *3. Oktober: Tag der deutschen Einheit – die DDR tritt dem Geltungsbereich des Grundgesetzes bei.*

1992 Die Stern und Kreisschiffahrt der Teltow-Kanal AG wird umfirmiert in Stern und Kreisschiffahrt GmbH, Berlin. Die Ostberliner Weiße Flotte wird übernommen.

1992 Der VEB Verkehrsbetriebe Potsdam – Weiße Flotte, der 1990 in eine GmbH umgewandelt wurde, wird privatisiert. Parallel dazu kommt es zur Gründung einer fast namensgleichen Weißen Flotte Potsdam GmbH. Dieses Unternehmen firmiert ab 1993 als Brandenburg-Preußische Schiffahrtsgesellschaft mbH und geht 1997 in Konkurs. Im Jahr 1999 wird die Weiße Flotte von der Havel Dampfschiffahrt GmbH angekauft. Das Unternehmen führt jetzt den Namen „Weiße Flotte Potsdam GmbH" (Schifffahrt in Potsdam).

1992 Die Reederei Erich Lahe, Berlin-Tegel stellt ihren Betrieb ein. Damit endet die regionale Schifffahrt auf dem Tegeler See.

1992 Gründung der Berliner Wassersport & Service GmbH mit insgesamt fünf Schiffen.

1992 Die Reederei Riedel chartert das Fahrgastmotorschiff OTTO V. GUERICKE von der Weißen Flotte Magdeburg für den Einsatz ab Tegel. Diese Absicht wird allerdings nicht umgesetzt.

1992 Das „Grand Hotel Esplanade" bringt das Fünf-Sterne-Schiff ESPLANADE – speziell für Hotelgäste und Kongresse – in Fahrt. Der Betrieb wird 2011 eingestellt.

1993 Privatisierung der Stern und Kreisschiffahrt durch die Bremer Hegemann-Gruppe. Die Stadt Berlin hält über die Teltow-Kanal AG vorerst eine Beteiligung von 47 %.

1993 Sperrung der Schleuse Spandau, wodurch die beliebte Rundfahrt Tegel–Wannsee nicht mehr angeboten werden kann. In der Folgezeit wird die Innenstadt zum Schwerpunkt der Berliner Fahrgastschifffahrt.

1993 Die Teltow-Kanal AG bringt mit dem Fahrgastmotorschiff MARLENE den ersten Aluminium-Bau in Berlin in Fahrt. Geplant ist ein Citynahverkehr in Form eines „Spreebusses", der aber nicht zustande kommt.

1994 1. Januar: Die Stern und Kreisschiffahrt verlegt ihren Sitz von Zehlendorf nach Treptow.

1994 Gründung des Unternehmens „Restaurantschiffe van Loon“ (Karsten Sahner). Neben einem stationären Schiffsrestaurant werden kulinarische Fahrten mit dem Fahrgastschiff JOSEPHINE angeboten. Der Schiffspark wird 1999 durch den Neubau PHILIPPA vergrößert.

1995 Ab Mitte der 1990er-Jahre werden vermehrt Charterschiffe von Betrieben, die keinen fahrplanmäßigen Liniendienst anbieten, eingesetzt – die sogenannte „Bunte Flotte“. Die Charterschifffahrt weitet sich immer mehr aus.

1996 Heinz Riedel verstirbt. Die Reederei wird in eine GmbH (Familie Freise) umgewandelt.

1997 3. Juni: Indienststellung der LA PALOMA für die River Line Schiffahrtsgesellschaft mbH & Co. KG. Es handelt sich hierbei um das größte je in Berlin in Fahrt gebrachte Personenschiff. Das 2004 von der Stern und Kreisschiffahrt übernommene Schiff bewährt sich in Berlin nicht und wird schließlich 2011 verkauft.

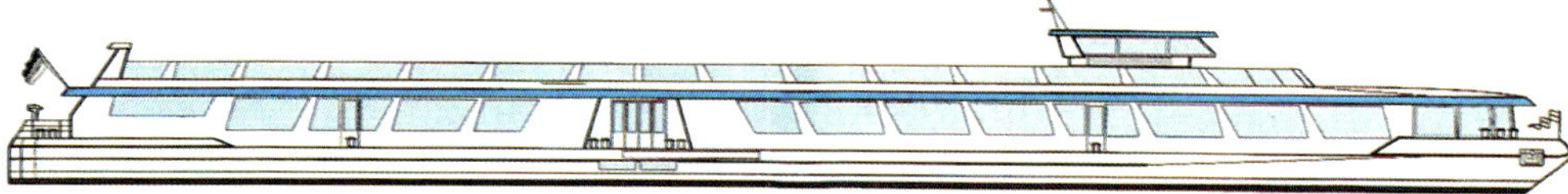

Fahrgastmotorschiff LA PALOMA.

1997 Gründung der im Innenstadtverkehr aktiven Reederei Hadynski mit dem Fahrgastmotorschiff NOSTALGIE.

1997 Gründung der Reederei Grimm & Lindecke in Hennigsdorf. Sie entwickelt sich zu einem der größeren Schifffahrtsunternehmen in der Innenstadt.

1998 Ende der 1983 gegründeten Reederei „Spreefahrt“ Horst Duggen.

1998 Die Reederei Schillow wird durch die Neugründung City – Schiffahrt Gabriel weitergeführt.

1999 1. Januar: Die Hegemann-Gruppe übernimmt die restlichen Anteile der Stern und Kreisschiffahrt von der Teltow-Kanal AG.

1999 Die Stern und Kreisschiffahrt ändert Flagge und Schornsteinmarke.

Die Flagge von 1949 bis 1999.

Die Flagge ab 1999.

2002 13. Juni: Die Schleuse Spandau wird wiedereröffnet. Der Schwerpunkt der Personenschifffahrt hat sich inzwischen allerdings in die Innenstadt verlagert.

2004 Die Derbener Bolle-Werft liefert ihr erstes „Aqua-Cabrio"-Schiff ADELE an die Reederei Norbert Siebach. Diese Klasse ist durch schiebbare Aufbauten gekennzeichnet. In Folge kommen noch neun typgleiche Schiffe in Fahrt, dazu noch zwei größere ähnlicher Konstruktion und drei Umbauten.

Fahrgastmotorschiff FRANZISKA vom Aqua-Cabrio-Typ, mit geschlossenem (links) und geöffnetem Verdeck.

2004 Das Fahrgastmotorschiff CAPT. COOK wechselt von der City-Schiffahrt Gabriel zur Neugründung Star Line Schiffahrt und Stadttouristik und erhält den Namen BLUE STAR. Das Fahrzeug wird 2008 von der Reederei Riedel übernommen.

2006 Gründung der Reederei Lüdicke, Berlin-Spandau, durch Übernahme der Reederei Schmidt. Es handelt sich nach 1990 um die einzige größere Neugründung außerhalb der Innenstadt.

2007 Die Reederei Winkler gibt ihren berlinweiten Ausflugsverkehr auf. Sie verkehrt – wie auch andere Reedereien – nur noch im Innenstadtbereich auf Linienkurs.

2009 28. März: Neugründung der Vereinigten Ostdeutschen Compagnie. Die Berliner Reederei GmbH stellt das Fahrgastmotorschiff DER FLIEGENDE HOLLÄNDER ursprünglich speziell für niederländische Touristen in Dienst.

2012 8. Mai: Die ALEXANDER VON HUMBOLDT, das neue Flaggschiff der Stern und Kreisschiffahrt, wird getauft.

2014 Die Reederei Riedel stellt im Spätsommer mit der SUN CAT III das erste solargetriebene Fahrgastschiff Berlins in Dienst.

2016 Das Gründungsschiff des Berliner Fußballvereins Hertha BSC wird von Präsidiumsmitgliedern angekauft (→ S. 22).

2017 Neubau des Seminarschiffs ORCA TEN BROCE.

2019 Die Stern und Kreisschiffahrt stellt mit der SUN CAT 120 ein erstes großes Fahrgastschiff mit Solar-Antrieb in Dienst. Antriebsseitig gibt es mit dem Charterboot RA im Jahr 2000 und SOLON im Jahr 2009 Vorläufer.

2019 Bei ca. 30 % der in Berlin eingesetzten Fahrgastschiffe handelt es sich um Charterfahrzeuge.

2020 Neubau des Presseschiffs THE PIONEER ONE. Es zeichnet sich durch seine futuristische Architektur aus.

2020 1. Januar: Das zweitgrößte Berliner Schifffahrtsunternehmen, die Reederei Heinz Riedel GmbH, wird an zwei Immobilienentwickler verkauft. Riedel hatte 2019 eine Beförderungsleistung von 400.000 Passagieren, die der Stern und Kreisschiffahrt lag bei 900.000.

2020 Die Corona-Pandemie führt zu erheblichen Einschränkungen in der Schiffsauslastung. Die Saisons 2020 und 2021 enden für die Schifffahrtsbetriebe wirtschaftlich kompliziert.

2022 Nach Abflauen der Corona-Pandemie normalisiert sich der Schiffsverkehr weitgehend, allerdings mit weniger Fahrzeugen.

2022 Von den 1990 existierenden kleinen Fahrgastschifffahrtsunternehmen bestehen noch die Reedereien Bethke, Kutzker, Vogt, Triebler und Winkler.

Doppelschraubenfahrgastmotorschiff **ESPLANADE**
1991/92 / Deutsche Binnenwerften, Werft Berlin GmbH, Berlin (3156) / 40,60 x 6,60 m / 2 x 122 = 244 PSe / 128 Personen
Erbaut für Grand Hotel Esplanade GmbH & Co. KG, Berlin, Tagungs- und Restaurantschiff; 1.5.1992 Jungfernfahrt; 2011 Stern und Kreisschiffahrt GmbH, Berlin, **BELLEVUE** [Foto: 26.7.2014]; 2017 Neumotorisierung; 2023 in Fahrt.

Fahrgastmotorschiff **PRINS BERNHARD**
1961 / Hoogendijk, Zaandam / 16,75 x 4,05 m / . PSe / 75 Personen
Erbaut als Grachtenboot für Rederij P. Kooij, Rokin, Amsterdam; 1991 Berliner Wassertaxi-Stadtrundfahrten (Norbert Siebach), Berlin; 2015 Umbau, verschiebbares Verdeck; 2023 in Fahrt.

Fahrgastmotorschiff **BABELSBERG**
1991 / Werft Berlin GmbH, Berlin (Typ Bifa IV, 1112/02) / 140 PSe / 32,10 x 5,39 m / 140 Personen
Erbaut für Weiße Flotte, Berlin, nach Stornierung fertig als Spekulationsbau, **YACHT**; 1992 Weiße Flotte Potsdam GmbH, Potsdam, **BABELSBERG**; 1994 Berliner Wassersport und Service GmbH, Berlin [Foto: 19.5.2017]; 2023 in Fahrt.

Fahrgastmotorschiff **HUGO REINICKE**
1993 / Marina Lanke Werft, Berlin / 19,96 x 4,85 m / 58 PSe / 30 Personen
Erbaut für eigene Rechnung (Marina Yacht Charter, Berlin-Spandau); 2023 Umrüstung auf Elektroantrieb.

Motoryacht **AIDA**
1930 / Stockholm / 18,40 x 3,20 m / 132 PSe / 20 Personen
Erbaut für Gösta Tholin (Königlicher Segelclub), Stockholm; 1980 Per Olaf Scotte, Stockholm; 2000 Abion Spreebogen Waterside Hotel, Berlin; 2023 in Fahrt.

Fahrgastmotorschiff **URSEL**
1911 / Hamburg / 11,85 x 2,75 / 40 PSe / 12 Personen
Vermutlich erbaut als Hamburger Hafenbarkasse; 1950 zum Rhein (Pfalz) verkauft, **KHUMSI**; 1969 Hausboot; 1992 auf Neckar gesunken; 1993 nach Reparatur Sportboot in Berlin; 2003 USE GmbH (Union für Soziale Einrichtungen, Werkstatt für Behinderte), Berlin; 2007 Umbau zum Charterboot, **URSEL**; 2023 MS Schiffskontor Berlin.

Fahrgastmotorschiff **BELVEDERE**
1986 / VEB Yachtwerft, Berlin-Köpenick (Typ Bifa III, 1111.44 / 46) / 32,10 x 5,10 m / 122 PSe / 125 Personen
Erbaut für VEB Verkehrsbetriebe Potsdam; 1990 Weiße Flotte Potsdam GmbH, Potsdam; 1999 Havel-Dampfschiffahrt GmbH, Potsdam; 2004 Berliner Wassersport und Service GmbH, Berlin [Foto: 4.5.2015]; 2023 in Fahrt.

Fahrgastmotorschiff **KREIS**
2006 / Schiffswerft Bolle, Derben / 26,76 x 5,10 m / 180 PSe / 121 Personen
Erbaut für Stern und Kreisschiffahrt GmbH, Berlin; 2023 in Fahrt.

Fahrgastmotorschiff **PEPITA**
1951 / Hansa-Werft, Hamburg (201) / 15,35 x 3,77 m / 176 PSe / 28 Personen
Erbaut für Strom- und Hafenbau, Hamburg, **RUGENBERGEN**; 2006 Marian Simunovic und Karsten Sahner, Berlin (Partner von „van Loon" Schiffsrestaurant KLIPPER als Charterschiff), **PEPITA**; 2010 nach Ausscheiden von Karsten Sahner, **RUGENBERGEN** [Foto: 13.5.2017]; 2023 in Fahrt.

Fahrgastmotorschiff **BELLEVUE**
2007 / Lux-Werft, Mondorf (183) / 39,00 x 8,20 m / 260 PSe / 250 Personen
Erbaut für Reederei Bruno Winkler, Berlin [Foto: 26.7.2014]; 2023 in Fahrt.

Fahrgastmotorschiff **HELGARD**
2007 / Schiffswerft Bolle, Derben (Typ Aqua Cabrio) / 26,00 x 5,10 m / . PSe / 120 Personen
Erbaut für Eddy-Line (Hendrik Mann), Berlin; 2023 in Fahrt.

Fahrgastmotorschiff **BÄRLINER**
2008 / Schiffswerft Bolle, Derben (Typ Aqua Cabrio) / 26,70 x 5,10 m / 160 PSe / 100 Personen
Erbaut für Berliner Wassersport-Service GmbH, Berlin; 2023 in Fahrt.

Fahrgastmotorschiff **HAVEL**
1980 / Yachtwerft, Berlin-Köpenick (Typ Bifa III, 1111.01/22) / 28,47 x 5,1 m / 122 PSe / 124 Personen
erb. f. VEB Kombinat Kraftverkehr Frankfurt/O., **FRIEDENSGRENZE**; 1990 Oderschiffahrt GbR (Martin Peters und Hartmut Müller), Oderberg, **FÜRSTENBERG/O.**; 1994 Oderschiffahrt W. Herzog, Eisenhüttenstadt; 2008 Reederei Wiedenhöft, Joachimsthal, vorgesehen als **ADLER**; 2008 Reederei Kutzker, Grünheide, **HAVEL** [Foto: 14.10.2013, Werft Mukrena]; 2020 in Charter Manfred Wiedemann Goyaz; 6.2021 Blau-Weisse-Flotte Müritz und Seen (Wolf-Dieter Schott), Waren; 2023 in Fahrt.

Fahrgastmotorschiff **SIR PETER**
1928 (?) / . / 18,40 x 3,87 m / 180 PSe / 60 Personen
… 195. Heinrich Michelsen, (Bodensee); 19.. Unser, Unteruhldingen, **SEEHASE**; 1975 Heidegger, Überlingen; 1986 St. Niklausen Schiffahrtsgesellschaft, Luzern, **DELPHIN**; 1995 Schiffsbetrieb Wiehrer, Lindau; 2.2004 Bügler & Baumgartner, Ermatingen, **ERMATINGEN**; 2005 (Donau); 2008 Club der Visionäre (Fish Club GmbH), Berlin, **SIR PETER** [Foto: 14.7.2016]; 2023 in Fahrt.

Doppelschraubensolarschiff (Katamaran) **SOLON**
2009 / MW-Line, Yverdon les Bains / 17,60 x 6,60 m / 2 x 23 = 46 kW / 60 Personen
Erbaut für SolarWaterWorld AG / Schiffskontor GmbH, Berlin [Foto: 28.6.2014]; 2023 in Fahrt.

Fahrgastmotorschiff **DER FLIEGENDE HOLLÄNDER**
2009 / Kiebitzberg GmbH & Co. KG, Havelberg (Typ Aqua Cabrio) / 27,30 x 5,08 m / 160 PSe / 100 Personen
Erbaut für Vereinigte Ostdeutsche Compagnie GmbH, Berlin [Foto: 19.5.2017]; 2023 in Fahrt.

Fahrgastmotorschiff **DIVA**
1992 / Werft Berlin GmbH, Berlin (Typ Bifa IV, 3157) / 32,10 x 5,39 m / 360 PSe / 140 Personen
Erbaut für Weiße Flotte GmbH, Potsdam, (140 PSe), **EOSANDER**; 1993 kurzzeitig in Charter Circus Binnenschiffahrtsgesellschaft mbH; 1996 Fahrgastschiffahrt Neuruppin GmbH, Neuruppin, **ALEXANDER GENZ**; 2000 Umbau; 200. neue motorisiert, 360 PSe; 2009 Micky Tours, Berlin, **DIVA**; 2017 Sarah Rusch, Event- und Charterschifffahrt, Berlin; 2023 in Fahrt.

Fahrgastmotorschiff **SYLVIA**
1948 / Jensen, Hamburg / 15,48 x 3,04 m / 108 PSe / 25 Personen
Erbaut für Walter Müller und Alfried Fahje, Hamburg, 35 PSe, **FREDDY**; 4.1949 Martin Sander, Hamburg; 4.1950 **SYLVIA**; 7.1950 Walter Müller, Hamburg; 7.1953 68 PSe; 10.1966 108 PSe; 1992 D. Spahrbier, Hamburg; 2011 Vladimir Böttcher, Berlin; 2023 in Fahrt [Foto: 20.5.2022].

Solarschiff **SUNCAT III**

2011 / Horizont, Taiwan / 14,00 x 6,85 m / 2 x . = . kW / 60 Personen

Erbaut für SolarWaterWorld AG, Berlin, **SUNCAT III**; 2019 in Charter Reederei Riedel, Berlin; 2020 **SUNCAT 46**; 2023 SolarCircleLine (SolarWaterWorld AG), Berlin.

Passagiermotorschiff **HANSA**

1936 / Cranz-Neuenfelde / 14,90 x 3,60 m / 100 PSe

… (Raum Stettin), vermutlich Motorschlepper; 9.1949 H. Stinnes GmbH, Lübeck, **HUGO STINNES**; 11.1950 Lübecker Maschinenbau Ges., Lübeck; 12.1950 **HANSA**; 2.1977 Orenstein Koppel & LMG AG, Lübeck; 2002 Kiel, Sportboot; 2011 Peter Bratfisch (Stadtboote), Berlin, Einsatz als Charterschiff.

Fahrgastmotorschiff **BON AMI**
1953 / Schmidt, Oberkassel / 35,05 x 5,05 m / 255 PSe / 80 Personen (Daten: Stand 1997)
Erbaut für Philipp Nikolay, Budenheim, **REGINA ELISABETH**; 1971 Hubert Bungarz, Königswinter; 1984 Braunschweiger Fahrgastschiffahrt Peter Meyer, Braunschweig, **BRUNSWIK**; 1989 . , **WAPPEN VON BLECKEDE**; 9.1990 Fahrgastschiffahrt Poschke GmbH, Born, **LIKEDEELER**; 1997 Qualifizierungs- und Strukturförderungsgesellschaft mbH, Genthin, Umbau, **JERICHOWER LAND**; 200. betrieben durch Reederei Roland Kaiser, Tangermünde; 2012 Exclusiv Yachtcharter und Schiffahrtsgesellschaft mbH, Berlin, **BON AMI**; 2023 in Fahrt.

Doppelschraubenfahrgastmotorschiff **ALEXANDER VON HUMBOLDT**
2012 / Schiffswerft Bolle, Derben / 61,70 x 8,20 m / 2 x 200 = 400 PSe / 280 Personen
Erbaut für Stern und Kreisschiffahrt GmbH, Berlin; 2023 in Fahrt.

Fahrgastmotorschiff **NOFRETETE**
2012 / Schiffswerft Bolle, Derben (Typ Aqua Cabrio) / 37,59 x 5,68 m / 270 PSe / 160 Personen
Erbaut für Stern und Kreisschiffahrt GmbH, Berlin; 2023 in Fahrt.

Doppelschraubenfahrgastmotorschiff **RUMMELSBURG**
1998 / Grave, Katwijk / 47,50 x 6,35 m / 2 x 160 = 320 PSe / 250 Personen
Erbaut für Triton Reederij, Katwijk an Zee, **PRINCEHAVEN**; 2012 Reederei Riedel GmbH, Berlin, **RUMMELSBURG** [Foto: 7.2022].

Fahrgastmotorschiff **DONAU**
1986 / VEB Yachtwerft, Berlin-Köpenick (Typ Bifa III, 1111.43/47) / 32,10 x 5,10 m / 122 PSe / 164 Personen
Erbaut für VEB (K) Nahverkehrsbetrieb, Schwerin, **TALLINN**; 1990 Weiße Flotte Schwerin GmbH, Schwerin; 1996 **HAMBURG**; 1997 Umbau; 2012 Reederei Kutzker, Grünheide, **DONAU** [Foto: 14.6.2013]; 2023 in Fahrt.

Fahrgastmotorschiff **MÖWE**
1925 / Vierarm, Wildau / 17,70 x 3,80 m / 96 PSe / 104 Personen
Erbaut für Georg Hoffmann, Berlin-Tegel; 1949 Pächter Schmolke & Söhne, Berlin; 1949 Treuhandstelle für Binnenschiffe, Berlin, bewirtschaftet durch Deutsche Schiffahrts- und Umschlagsbetriebszentrale, Berlin; 1952 VEB Deutsche Schiffahrts- und Umschlagsbetriebe, Berlin; 1.1957 VEB Fahrgastschiffahrt, Berlin; 4.1958 Nebenstelle Schwerin; 1959 VEB Hafen- und Industriebahn Schwerin, Abt. Weiße Flotte, Schwerin, Umbau; 1961/62 Umbau; 1.1964 VEB Nahverkehrsbetrieb, Schwerin; 67 PSe; 1971/72 Totalumbau (18,58 x 3,62 m, 96 PSe, 62 Personen); 1992 Weiße Flotte Schwerin GmbH, Schwerin, Büroschiff; 1998 Bildung, Arbeit, Tourismus Zukunft e.V., Neustadt-Glewe; 2013 in Charter Reederei Fangrot, Berlin-Saatwinkel; 2017 Schiffskontor Berlin (Kirk Schoormann), Berlin; 2023 in Fahrt.

Fahrgastmotorschiff **CHARLESTON**
1938/41 / Traunseeschiffahrt, Ebensee-Rindbach / 18,75 x 3,50 m / 68 PSe / 32 Personen
Erbaut im Eigenbau durch Trauenseer Schiffahrts- und Seilschwebebahn GmbH (Rudolf Ippisch), Gmunden, **FEUERKOGEL**; 1977 Reederei Karl Eder, Gmunden; 1994 Personenschiffahrt Stumpf OHG, Heilbronn / Bad Wimpfen, **NECKARPERLE**; 2013 Hauptstadtfloß GmbH & Co. KG (Toni Kaiser), Berlin, **CHARLESTON** [Foto: 13.5.2017]; 2020 Verein der historischen Binnenschiffahrt Fürstenberg/Oder e.V.

Fahrgastmotorschiff **VAGABUND**
1969 / Lux-Werft, Mondorf (27) / 19,0 x 4,6 m / 145 PSe / 60 Personen
Erbaut für Seerundfahrt G. Isele, Schluchsee, **ST. NIKOLAUS**; 2001 Bootsbetrieb & Seerundfahrten Thomas Toth, Schluchsee; 2014 Reederei Stannigel, Berlin, **VAGABUND**; 2015 Einsatz für Charterfahrten [Foto: 2.7.2016]; 2023 in Fahrt.

Fahrgastmotorschiff **JIMMY**
1937 / Bonné, Hamburg / 16,70 x 3,60 m / 189 PSe / 30 Personen
Erbaut für Československá plavebni akciová společnost Labská, Praha, **ČPSL III**; 1939 Böhmischmährische Elbe-Schiffahrts AG, Prag, **B III**; 1945 Československá Plavba Labská, Děčin; ca. 1950 **ROVNOST**; 19.. **B III**; 2016 Berliner Welle Schiffscharter (Julius Dahmen), Berlin, **JIMMY**; 2023 in Fahrt.

Fahrgastmotorschiff **PHANTASIA**
1978 / VEB Schiffsreparaturwerften Berlin / Schiffswerft Mukrena (2. Stadtbezirksklasse) / 39,60 x 5,10 m / 258 PSe / 294 Personen.
Erbaut für VEB Dienstleistungskombinat, Waren (2 x 104 = 208 PSe), **R. WOSSIDLO**; 1990 Müritz-Touristik GmbH „Weiße Flotte", Waren; 7.1992 Müritzwind Personenschiffahrt GmbH, Waren; Winter 2004/2005 Umbau von Zweimotoren- auf Einmotorenanlage; 2007 Müritz-Schiffe GmbH & Co. KG, Waren; 2013 in Charter Grimm & Lindecke GbR, Hennigsdorf; 3.2014 Ankauf, **PHANTASIA** [Foto: 6.6.2018]; 2023 in Fahrt.

Fahrgastmotorschiff **EMSTER**
1989 / Werft Aken / 17,70 x 3,80 m / 130 PSe / 40 Personen
Erbaut für unbekannten Auftraggeber, ursprünglich geplanter Name ist unbekannt; 1990 Hotel-Restaurant „Seehof", Netzen, **EMSTER**; 2013 aufgelegt; 2015 Arthur Fischer - Berliner Schiffsagentur in Zusammenarbeit mit M. S. Schiffskontor [Foto: 24.6.2016]; 2023 in Fahrt.

Fahrgastmotorschiff **KÖPENICK**
1993 / Grave, Katwijk (107) / 47,50 x 6,37 m / 170 PSe / 250 Personen
Erbaut für Reederei Triton, Katwijk an Zee, **TRITON III**; 2002 Reederei A. Twigt, Katwijk an Zee, **PRINS HENDRIK**; 2012 Reederei Riedel GmbH, Berlin, **KÖPENICK** [Foto: 23.7.2016].

Fahrgastmotorschiff **MARIA**
2016 / Schiffswerft Bolle, Derben (Typ Aqua Cabrio) / 29,86 x 5,25 m / 230 PSe / 150 Personen
Erbaut für Berliner Wassertaxi-Stadtrundfahrten (Norbert Siebach), Berlin; 2023 in Fahrt.

Doppelschraubenfahrgastmotorschiff **WAPPEN VON SPANDAU**
1971 / Lux-Werft, Mondorf (43) / 42,90 x 6,22 m / 2 x 240 = 480 PSe / 400 Personen
Erbaut für Schiffahrtsgesellschaft Kehlheim Steibl oHG, Kehlheim (28,90 x 6,35 m, 2 x 150 = 300 PSe), **BRUNHILD**; 1983 Donauschiffahrt Wurm und Köck GmbH & Co., Passau, **ILZ**; 1985 Umbau; 2011 Schweinfurter Personenschiffahrt, Schweinfurt, **MAINFRANKEN**; 2017 Reederei Lüdicke, Berlin-Spandau, Umbau; 3.2018 Infahrtsetzung, **WAPPEN VON SPANDAU** [Foto: 30.5.2019]; 2023 in Fahrt.

Fahrgastmotorschiff **VERA**
19.. / . / 21,66 x 4,00 m / 300 PSe / 60 Personen
... 1989 Neuaufbau als vorhandenem Kasko für Este-Reederei Horneburg, **DELPHIN**; 10.1991 Dieter Ketzler, Wittenberge; 2006 Weiße Flotte Potsdam GmbH, Umbau in Eigenregie, **WASSERTAXI**; 2012 aufgelegt; 2017 Reederei Böttcher, Berlin, **VERA** [Foto: 20.7.2023].

Fahrgastmotorschiff (Seminarschiff) **ORCA TEN BROKE**
2017 / Formstaal GmbH, Stralsund / 35,55 x 8,25 m / . PSe (Photovoltaik und Diesel) / 199 Personen
Erbaut für Seminarschiff flux Service GmbH, Berlin, Innenausbau in Eigenregie [Foto: 28.7.2021]; 2023 in Fahrt.

Fahrgastmotorschiff **SAGA**
1914 / Anker-Werft, Rummelsburg / 22,25 x 3,76 m / 75 PSe / 74 Personen (Daten nach Umbau 1974)
Erbaut für . (18,64 x 3,68 m, 20 PSe), **CÖPENICK**; 1914 Heeresverwaltung; 1919 Wilhelm Kläne, Alt-Buchhorst, **ALFRED**; 6.1952 Willi Ebert, Zehdenick, **HAVELLAND II**; 12.1959 VEB Verkehrsbetriebe Potsdam, **WERDER**; 1992 in Charter Hans-Ulrich Kaubisch, Teupitz; 1993 Brandenburg-Preußische Schiffahrtsgesellschaft mbH, Töplitz; 1994 an Privateigner verkauft; 1998 Yachthafen Töplitz, Frank Ringel; 2018 Vladimir Böttcher, Berlin, Einsatz als Charterschiff, **SAGA** [Foto: 21.7.2023].

Fahrgastmotorschiff **MIEZE**
1934 / Engelke, Berlin-Wendenschloß / 11,50 x 3,51 m / 54 PSe / 25 Personen
Erbaut für Gustav Dohnke, Grünau, **FÄHRBOOT II**; 193. **FÄHRE II**; 1974 Kombinat Berliner Verkehrsbetriebe, Berlin, aufgelegt; 1996 Alfred Wunsch, Berlin, Umbau zum Fahrgastmotorschiff, **GISELA**; 2018 Reederei Berliner Welle, Berlin, **MIEZE**, Charterfahrten; 2023 in Fahrt.

Fahrgastmotorschiff **HAVELSTROMER**
1993 / Schulte & Müller, Haren/Ems / 24,40 x 4,86 m / 200 PSe / 99 Personen
Erbaut für Reederei Bethke, Berlin, Einsatz für Wesenberger – Fürstenberger Personenschiffahrt; 1994 aufgelegt; 2007 Grimm & Lindecke, Hennigsdorf, Umbau; 2009 **PEACOCK** [Foto: 30.5.2019]; 2023 in Fahrt.

Doppelschraubenfahrgastmotorschiff **MARLENE**
1992 / Kufra-Werft, Lübeck (622) / 35,00 x 5,10 m / 2 x 120 = 240 PSe / 150 Personen
Erbaut für Teltow-Kanal AG (Stern und Kreisschiffahrt), Berlin (24,00 x 5,10 m / 2 x 120 = 240 PSe / 110 Personen); 2007 ausgebrannt; 2008 Wrack an Grimm & Lindecke, Hennigsdorf, Neuaufbau und Verlängerung; 11.2009 neu in Fahrt, **PEGASUS** [Foto]; 2023 in Fahrt.

Fahrgastmotorschiff **MOSEL**
1987 / Yachtwerft, Berlin-Köpenick (Typ Bifa III, 1111.43/55) / 122 PSe / 32,10 x 5,10 m / 164 Personen
Erbaut für VEB Fahrgastschiffahrt Weiße Flotte, Dresden, **BAD SCHANDAU**; 2018 Reederei Kutzker, Grünheide, **MOSEL** [Foto: 29.5.2019]; 2023 in Fahrt.

Doppelschraubenfahrgastmotorschiff **HAVELGLÜCK**
1971 / VEB Schiffsreparaturwerft Genthin, Genthin (12/525) / 34,02 x 6,02 m / 2 x 80 = 160 PSe / . Personen
Erbaut für VEB Verkehrsbetriebe, Potsdam, **BERLIN**; 2000 Weiße Flotte GmbH, Potsdam; 2005 Bernd Bolz, Rathenow, **HAVELLAND** [Foto]; 2010–2013 Einsatz in Wolfsburg; 2019 Reederei Lüdicke, Berlin, **HAVELGLÜCK**.

Doppelschraubensolarschiff **SUNCAT 120**
2019 / Kiebitzberg, Havelberg (283) / 36,40 x 7,00 / 2 x 45 = 90 kW / 180 Personen
Erbaut für SolarCircleLine GmbH, Berlin, betrieben durch Stern und Kreisschiffahrt GmbH [Foto: 9.7.2023].

Doppelschraubensolarschiff **SUNCAT 120**
2019 / Kiebitzberg, Havelberg (284) / 36,40 x 7,00 / 2 x 45 = 90 kW / 180 Personen
Erbaut für SolarCircleLine GmbH, Berlin; 2022 **HERMINE**; 2023 in Fahrt.

Aus firmenrechtlichen Gründen führten beide Schiffe anfangs die gleichen vom Erbauer rechtlich geschützten Namen.

Presseschiff **THE PIONEER ONE**
2020 / Lux-Werft, Mondorf (223) / 40,00 x 7,00 m / 170 kW (Elektroantrieb) / bis zu 200 Personen
Erbaut für Gabor Steingart, ursprünglich geplant als **MEDIA PIONEER**, in Fahrt als **THE PIONEER ONE** [Foto: 28.7.2021].

Fahrgastmotorschiff **MIA**
1953 / Hilgers, Rheinbrohl / 16,15 x 3,50 m / 100 PSe / 33 Personen
Erbaut für unbekannten Eigner; 1956 Clemens Winter, Niederbreisig, **BRISIACUM**; um 2002 Bad Breisiger Fähr- und Personenschiffahrt Helmut Mürl, Bad Breisig; um 2018 Sportboot in Berlin; 2020 Reederei Berlin Liquide, Berlin, **MIA** [Foto: 20.7.2020]; 2022 Einsatz als Charterschiff, **LIESEL**.

Fahrgastmotorschiff **JOHN FRANKLIN**
2012 / Niederlande / 28,00 x 5,00 m / . PSe, . kW / 40–50 Personen
Erbaut für Helga Brenninger-Stiftung GmbH, Ketzin, betrieben durch Reederei Porenka, Berlin; 2020 Umrüstung von Diesel- auf Elektroantrieb; 2021 Seminarschiff Fluxservice GmbH, Berlin.

Fahrgastmotorschiff **HAMBURG**
1977 / VEB Elbewerft, Boizenburg (Typ Bifa III, 367) / 28,57 x 5,10 m / 198,5 PSe / 144 Personen
Erbaut für VEB Nahverkehrsbetrieb Schwerin, Weiße Flotte, 122 PSe, **BOIZENBURG**; 1990 Weiße Flotte Schwerin GmbH, Schwerin; 2014 neu motorisiert; 2013 **HAMBURG**; 6.2023 Vladimir Böttcher, Berlin [Foto: 14.6.2023].

Fahrgastmotorschiff **LEXATOR**
1928 / Ertel, Woltersdorf / 40,30 x 5,20 m / 145 PSe / 400 Personen
Erbaut als Motorschlepper (18,00 x 3,22 m, . PSe) für Richard Hilliges, Berlin-Rahnsdorf, **HELGOLAND**; 19.. Umrüstung zum Fahrgastmotorschiff, 127 Personen; nach 1945 Alfred Becker, Berlin, **BALDUR**; 1955 **SANTA FLORA**; 1966 Kurt und Günter Völker, Berlin-Spandau, Umbau, 29,30 x 5,2 m, 145 PSe, 300 Personen, **COOKIE**; 1977 Heinz Riedel, Berlin; 1984 Umbau, **KREUZBERG**; 1997 Reederei Riedel GmbH., Halle/S., **STADT HALLE**; 2018 Halle-Saale-Schifffahrt Rüdiger Ruwolt e.K., Halle/S.; 9.2023 Lex Event Berlin GmbH, Berlin, **LEXATOR**.

8

Berliner Fahrgastreedereien und ihre Schiffe (Stand 31.12.2023)

Name	Baujahr	Bauwerft	L x B [m] /Personen
Ameron Hotel Abion Spreebogen Waterside Hotel / Charterverkehr			
AIDA	1930	Stockholm	18,40 x 3,20 / 20
Reederei G. Becker / Charterverkehr			
VENUS	1898	Oderwerke, Grabow	21,50 x 4,30 / 75
Berlin Bootsverleih			
MATHILDA	1961	Hein Garbers, Hamburg	15,43 x 4,00 / 40
Berlin Brandenburgische Schiffahrtsgesellschaf e.V. (Historischer Hafen) / Sonderfahrten			
ANDREAS	1944	Gebr. Wiemann, Brandenburg	35,18 x 6,93
EINTRACHT	1906	Anker Werft, Berlin	16,75 x 3,15 / 65
Berlin Liquide Com. / Charterverkehr			
FÜNFER	1962	Franke Werft, Berlin	11,80 x 2,75 / 26
LIESEL	1953	Hilgers, Rheinbrohl	16,15 x 3,50 / 33
Berliner Wassersport und Service GmbH / Linienverkehr Innenstadt			
BABELSBERG	1991	Yachtwerft Berlin	32,10 x 5,10 / 100
BÄRLINER	2008	Bolle, Derben	26,70 x 5,10 / 100
BELVEDERE	1986	Yachtwerft Berlin	32,10 x 5,10 / 100
CASINO	1980	Yachtwerft Berlin	14,55 x 3,97 / 12
BABELSBERG und CASINO werden meist im Charterverkehr eingesetzt.			
Berliner Wassertaxi-Stadtrundfahrten (Norbert Siebert) / Linienverkehr Innenstadt			
ADELE	2004	Bolle, Derben	26,36 x 5,08 / 120
CAPT. MORGAN	1953	Oelkers, Hamburg	25,20 x 6,40 / 150
KONINGIN WILHELMINA	1964	Hoogendijk, Zaandam	17,45 x 4,05 / 73
LIBELLE	1926	Jastram, Hamburg	13,84 x 3,82 / 25
LORD	1955	Hafenbauamt Hamburg	14,13 x 3,20 / 23
MARIA	2016	Bolle, Derben	29,86 x 5,25 / 110
ORANJE NASSAU	1968	Kraaijer, Zaandam	17,45 x 4,05 / 73
PRINS BERNHARD	1961	Hoogendijk, Zaandam	16,75 x 4.05 / 75
SUMMERWIND	2001	Bolle, Derben	23,97 x 5,08 / 120
SUNSHINE	2000	Bolle, Derben	18,08 x 5,08 / 84
Berliner Welle Reederei Julius Dahmen / Charterverkehr			
GOLDA	1931	Exquisit Werft, Wildau	22,24 x 3,36 / .
JIMMY	1937	A. Bonné, Hamburg	22,24 x 3,64 / 60
KAISER FRIEDRICH	1889	Möller & Holberg, Grabow	30,40 x 4,80 / 291
	Schiff 2023 aufgelegt.		

Name	Baujahr	Bauwerft	L x B [m] /Personen
MIEZE	1934	Engelke, Wendenschloss	11,50 x 3,51 / 20
Reederei Marcus Bethke / Linienfahrten Tegeler See			
BERLIN	1928	Bodan-Werft, Kressbronn	50,68 x 9,00 / 600
Barkassenvermietung Vladimir Böttcher / Charterverkehr			
HAMBURG	1977	Elbewerft, Boizenburg	28,57 x 5,10 / 144
SAGA	1914	Anker-Werft, Rummelsburg	21,66 x 4,00 / 60
SYLVIA	1948	Jensen, Hamburg	15,48 x 3,38 / 40
VERA	1914	Anker-Werft, Rummelsburg	22,15 x 3,70 / 75
Ute Brodhagen / Charterverkehr			
ANNA	1911	Bettin, Tangermünde	16,94 x 3,81 / 38
Wolfgang Buchardi / Charterverkehr			
ODIN III	1993	Buchardi, Spandau	16 x 4,40 / 40
Cöpenicker Schiffscharter / Charterverkehr			
CÖPENICK	1959	Schmidt, Oberkassel	16 x 3,80 / 25
Eddyline (Hendrick Mann) / Linienfahrten Innenstadt			
HELGARD	2007	Bolle, Derben	26 x 5,10 / 99
VIKTORIA	1935	Ernst, Köpenick	26 x 4,80 / 99
Exclusiv Yachtcharter & Schiffahrtsgesellschaft mbH / Linienfahrten Innenstadt			
BELLEVUE	1995	Niederlande	14,70 x 4,35 / 20
BON AMI	1953	Schmidt, Oberkassel	35,05 x 5,05 / 80
EUROPA	1992	Schiffswerft Malz	35,79 x 5,10 / 180
LA BELLE	1965	Lux-Werft, Mondorf	24,90 x 4,34 / 100
Bootsvermietung Thorsten Fangrot / Charterverkehr			
HEIDELBERG	1924	Engelbrecht, Zeuthen	17,65 x 3,70 / 25
Flagship Berlin – Schöneschiffe Berlin GmbH			
FITZGERALD	2000	Niederlande	17,00 x 5,00 / 35
Spree & Havelschiffahrt Grimm & Lindecke, Hennigsdorf / Linienfahrten Oberhavel und Innenstadt			
PEACOCK	1993	Schulte & Müller, Haren/Ems	24,40 x 4,86 / 99
PEGASUS	1993	KuFra-Werft, Lübeck	35 x 5,10 / 150
PELIKAN	1906	Oderwerke, Stettin	32,53 x 6,05 / 75
PHANTASIA	1978	Grieseler, Mukrena	39,43 x 5,08 / 248
PHÖNIX	1959	Schmidt, Oberkassel	30 x 5,26 / 75
Bereederung THE PIONEER ONE ▸ Media Publishing AG, Berlin			
Reederei Dieter Hadyinski / Linienfahrten Innenstadt			
CAROLA	2005	Bolle, Derben	26,36 x 5,08 / 120
FRANZISKA	2006	Bolle, Derben	26,36 x 5,08 / 120

Name	Baujahr	Bauwerft	L x B [m] /Personen
Hauptstadtfloß GmbH & Co. KG, Berlin / Charterverkehr			
DIE LÜBECK	1962	Staack, Lübeck	. x . / 12
Reederei Wilfried Herzog / Linienfahrten Unterhavel			
BELLEVUE	1986	Yachtwerft Berlin	32,10 x 5,10 / 160
HARMONIE	1926	Brink & Wiesen, Königswinter	34,50 x 5,05 / 150
Spreetours Marcus Karamol / Linienfahrten Treptow			
ALEXANDER	1913	Gebr. Maas, Neustrelitz	32,50 x 6,10 / 120
Media Publishing AG, Berlin (Gabor Steingart) / Sonderverkehr			
THE PIONEER ONE	2020	Lux, Mondorf	40,00 x 7,00 / 200
Bereedert durch ▸ Spree & Havelschiffahrt Grimm & Lindecke, Hennigsdorf			
Verena Kelling, Erkner / hauptsächlich Charterverkehr			
JEFFREY	1924	Schüler, Uetersen	16,18 x 3,84 / 25
Martina Klink / Charterverkehr			
ANIANE	1955	Wesseling	17,30 x 3,58 / 14
Norbert Knüppel, Restaurantschiff „Capt. Schillow" / Charterverkehr			
PAULINE	1901	Janssen & Schmilinsky, Hamburg.	16,93 x 3,58 / 50
Andre Kolodziej / Charterverkehr			
PAULE	1955	Wesseling	17,46 ,x 4,16 x 35
Reederei Kutzker, Grünheide / Linienfahrten Grünheide – Friedrichshagen			
DONAU	1986	Yachtwerft Berlin	32,20 x 5,10 x 188
ELBE	1926	Ertel, Woltersdorf	23,82 x 3,78 x 75
LÖCKNITZ	1953	Yachtwerft Berlin	15,76 x 4,29 x 38
MOSEL	1987	Yachtwerft Berlin	32,20 x 5,10 x 188
SPREE	1978	Yachtwerft Berlin	28,60 x 5,10 x 144
Lex Event Berlin GmbH / Charterverkehr			
LEX	1982	Yachtwerft Berlin	28,50 x 5,10 / 120
LEXATOR	1928	Ertel, Rüdersdorf	40,30 x 5,20 / 400
Peter Lüdicke / Linienfahrten Spandau – Unterhavel			
HAVELBLICK	1914	Gebr. Wiemann, Brandenburg	35,94 x 5,84 / 199
HAVELGLÜCK	1971	Schiffsreparaturwerft, Genthin	34,02 x 6,02 / 280
HEITERKEIT	1909	Gebr. Maas, Neustrelitz	27,80 x 4,60 / 140
WAPPEN VON SPANDAU	1971	Lux, Mondorf	42,90 x 6,22 / 300
Marina-Lanke-Werft / Charterverkehr			
HUGO REINICKE	1994	Lanke-Werft, Berlin	19,96 x 4,90 / 35
M.S. Schiffskontor GmbH (Nils Clausen) / Charterverkehr			
APHRODITE	1950	Italien	10,90 x 2,30 / 20

Name	Baujahr	Bauwerft	L x B [m] /Personen
MÖWE	1925	Vierarm, Berlin	18,58 x 3,62 / 40
URSEL	1911	Jensen, Hamburg	11.85 x 2,75 / 10
Arthur Fischer – Berliner Schiffsagentur in Zusammenarbeit mit M.S. Schiffskontor			
ARCONA	1905	Gebr. Maas, Neustrelitz	25,44 x 4,75 / 100
EMSTER	1989	Werft Aken	17,70 x 3,70 / 40
MOGUNTIA	1922	Engelbrecht, Berlin-Rummelsburg	12,25 x 2,70 / 18
STRALAU	1959	A C Mechaniques, Vevey	32,00 x 5,60 / 80
Katrin & Kirsten Oggesen GmbH / Charterverkehr			
MRS. MARPLE	1930	Exquisitwerft, Wildau	19,85 x 3,29 / 30
Sarah Rusch – Event-und Charterschifffahrt Berlin / Charter- und Linienfahrten Innenstadt			
DIVA	1992	Werft Berlin, Berlin	31,10 x 5,10 / 150
Reederei Riedel GmbH / Linienfahrten Innenstadt			
BLUE-STAR	1994	Placke, Aken	25,70 x 5,10 / 120
KÖPENICK	1993	Werft Grave, Niederlande	47,31 x 6,37 / 250
KREUZBERG	2003	Werft u. Servicezentrum, Remagen	39,00 x 6,55 / 290
RIXDORF	1963	Ruhrorter Schiffswerft, Duisburg	30,07 x 5,24 / 200
RUMMELSBURG	1998	Werft Grave, Niederlande	47,50 x 6,35 / 250
SCHÖNEBERG	1973	Büsching & Rosemeyer, Minden	39,32 x 5,77 / 290
SPREE-ATHEN	1949	Renck, Hamburg	31.60 x 5,72 / 250
SPREE-BLICK I	2006	Werft u. Servicezentrum, Remagen	29,50 x 6,98 / 105
SPREE-BLICK II	2006	Werft u. Servicezentrum, Remagen	29,50 x 6,98 / 105
SPREE-BLICK III	2006	Werft u. Servicezentrum, Remagen	30,05 x 6,98 / 105
SPREE-COMTESS	2003	Barthel, Derben	43,10 x 7,00 / 330
SPREE-DIAMANT	2005	Werft u. Servicezentrum, Remagen	33,90 x 7,00 / 220
SPREE-LADY	1966	Lux-Werft, Mondorf	29,90 x 5,60 / 195
SPREE-PERLE	1954	Schmidt, Oberkassel	28,66 x 5,00 / 180
SPREE-PRINZESSIN	1953	Franke-Werft, Spandau	39,90 x 4,93 / 250
Der größte Teil der Riedel-Flotte kam 2023 nicht zum Einsatz.			
Restaurant Patio / Charterverkehr			
RIETHOEN	1938	Royal van Lent, (Niederlande)	12,00 x . m / 12
Schiffscharter Matthias Schubert / Charterverkehr			
COEPENICK	1959	Schmidt, Oberkassel	16,00 x 3,80 / 25

Name	Baujahr	Bauwerft	L x B [m] /Personen
Seminarschiff flux Service GmbH / Charterverkehr			
JOHN FRANKLIN	2012	Niederlande	28,00 x 5,00 / 50
ORCA TEN BROKE	2017	Formstaal, Stralsund	35,55 x 8,25 / 199
Marian Simunovic / Charterverkehr			
RUGENBERGEN	1951	Hansa-Werft, Hamburg	15,35 x 3,77 / 28
SolarWaterWorld AG / Charterverkehr			
SOLON	2009	Schweiz	17,60 x 6,85 / 55
SUNCAT 46	2011	Yachthersteller Horizont (Taiwan)	14,00 x 6,85 / 49
HERMINE	2020	Kiebitzberg, Havelberg	36,40 x 7,00 / 180
Spreedampfer, Fish Club GmbH / Charterverkehr			
RHEIN	1928	Bergmann & Westphal, Berlin	30,80 x 5,06 / 125
SIR PETER	1928?	.	19,00 x 3,65 / 60
Stadtboote Berlin (Peter Bratfisch) / Charterverkehr			
DORA MAAR	1900?	.	11,50 x 3,00 / 20
HANSA	1936	Cranz-Neuenfelde	14,90 x 3,60 / 30
Reederei Stannigel / Charterverkehr			
VAGABUND	1969	Lux-Werft, Mondorf	19,00 x 4,60 / 60
Stern und Kreisschiffahrt GmbH / Linienfahrten Berlin und märkische Gewässer			
ALEXANDER VON HUMBOLDT	2012	Bolle, Derben	61,70 x 8,20 / 400
BELLEVUE	1992	Werft Berlin, Berlin	40,06 x 6,60 / 120
BELVEDERE	2003	Peene Werft, Wolgast	45,89 x 7,00 / 300
BEROLINA	1987	Yachtwerft Berlin	32,10 x 5,10 / 200
BRASIL	2003	Peene Werft, Wolgast	45,89 x 7,00 / 300
CONDOR	1928	Nultsch, Nienburg/Saale	27,58 x 5,71 / 180
ERNST REUTER	1957	Teltow-Werft, Berlin	35,40 x 7,95 / 450
FRIEDRICHSHAIN	1975	Grieseler, Mukrena	39,56 x 5,08 / 250
HABICHT	1978	Yachtwerft Berlin	28,77 x 5,00 / 149
HAVEL QUEEN	1988	DIW, Berlin-Spandau	66,78 x 8,99 / 500
HAVELSTERN	1969	Büsching & Rosemeyer, Minden	62,48 x 8,23 / 500
KREIS	2006	Bolle, Derben	26,76 x 5,10 / 120
LICHTENBERG	1976	Grieseler, Mukrena	39,56 x 5,08 / 250
LUNA	1991	Lux-Werft, Mondorf	45,00 x 6,00 / 250
MARK BRANDENBURG	1976	Werft Genthin	66,95 x 8,19 / 400
MILAN	1979	Yachtwerft Berlin	28,77 x 5,00 / 149
MOBY DICK	1973	Büsching & Rosemeyer, Minden	48,95 x 8,20 / 300

Name	Baujahr	Bauwerft	L x B [m] /Personen
MONBIJOU	1987	Yachtwerft Berlin	32,10 x 5,10 / 200
NEPTUN	1908	Lahe, Saatwinkel	33.53 x 5,10 / 250
NOFRETETE	2012	Bolle, Derben	37,59 x 8,00 / 300
PANKOW	1977	Grieseler, Mukrena	39,56 x 5,08 / 250
POSEIDON	2007	Bolle, Derben	26,76 x 5,10 / 120
PRENZLAUER BERG	1980	Grieseler, Mukrena	39,56 x 5,08 / 250
SANSSOUCI	2000	Peene-Werft, Wolgast	43,75 x 7,00 / 172
SPERBER	1907	Klawitter, Danzig	38,60 x 5,63 / 300
STERN	2006	Bolle, Derben	26,76 x 5,10 / 120
SUNCAT 120	2019	Kiebitzberg, Havelberg	36,40 x 7,00 / 180
TEMPELHOF	1927	Stern-Werft, Tegelort	29,54 x 6,00 / 200
TREPTOW	1970	Grieseler, Mukrena	40,10 x 5,08 / 196
WANNSEE (Fähre)	2013	DIW, Berlin-Spandau	44,35 x 8,03 / 300
WAPPEN VON BERLIN	1964	Berninghaus, Köln	44,50 x 8,00 / 300
WEIHE	1981	Yachtwerft Berlin	28,77 x 5,00 / 149
Reederei Hartmut Triebler / Linienfahrten Unterhavel			
BEROLINA	1950	Stülcken, Hamburg	44,66 x 7,50 / 300
ROLAND VON BERLIN	1897	Oderwerke, Grabow	34,09 x 4,94 / 250
Reederei Werner Triebler / Linienfahrten Unterhavel			
BÄR VON BERLIN	1928	Groningen	37,44 x 5,05 / 200
HAVELLAND	1985	Schmidt, Oberwinter	37,00 x 5,05 / 200
Vereinigte Ostdeutsche Compagnie GmbH (VOC) / Charterverkehr			
DER FLIEGENDE HOLLÄNDER	2009	Kiebitzberg, Havelberg	27,30 x 5,08 / 100
van Loon GmbH / Charterverkehr			
JOSEPHINE	1954	Scheel & Jöhnk, Hamburg	23,05 x 5,05 / 136
PHILIPPA	1999	Placke, Aken	25,87 x 7,00 / 85
Wilfried Vogt / Linienfahrten Tegeler See			
FEENGROTTE	1961	Wiesewerft, Berlin	34,50 x 5,30 / 200
Reederei Bruno Winkler / Linienfahrten Innenstadt			
BELLEVUE	2007	Lux-Werft, Mondorf	39,00 x 8,20 / 250
CHARLOTTENBURG	1997	Lux-Werft, Mondorf	43,00 x 6,85 / 250
FORTUNA !	2005	Lux-Werft, Mondorf	47,20 x 7,00 / 290
SPREEKRONE	1994	Lux-Werft, Mondorf	52,60 x 8,20 / 350
Roderich Wolff / Charterverkehr			
KREUZ AS	1929	Gebr. Wiemann, Brandenburg	39,08 x 5,65 / 200
NOSTALGIE	1928	Clausen, Oberwinter	22,60 x 4,03 / 45

Stationäre Restaurantschiffe sind nicht aufgeführt.

Literatur- und Quellenverzeichnis (Auswahl)

BLUHM, MANFRED: *Tegeler See und Oberhavel : Die Geschichte der Personenschifffahrt auf dem Tegeler See.* 2. Aufl. Berlin 2022

BREUER, MANFRED: *MS SPREE : Fahrgastschiffahrt zwischen Elbe und Oder.* Berlin 1985

Donko, Wilhelm M.: *S.M.Y. „Alexandria" : Die Binnenyacht von drei deutschen Kaisern und ihr Schicksal zwischen Havel und Donau.* 2. Aufl. Berlin 2021

GROGGERT, KURT: *Spreefahrt tut not! : Berliner auf dem richtigen Dampfer.* Berlinische Reminiszenzen 36. Berlin 1972

GROGGERT, KURT: *Personenschiffahrt auf Spree und Havel, Museum für Verkehr und Technik, Schriftenreihe Band 10.* Berlin 1988

GROGGERT, KURT / DIETER SCHUBERT / MANFRED BLUHM: *Die Personenschiffahrt in West-Berlin im Jahre 1967 – 1989 / Die Personenschifffahrt im Raum Berlin im Jahre 1990 – 2021.* In: *Berliner Verkehrsblätter 1967 – 2021*

MEYER, GÜNTHER: *Binnenschiffe zwischen Elbe und Oder, Ostsee und Sächsischer Schweiz : Versuch eines historischen Verzeichnisses maschinengetriebener Binnenschiffe 1816 bis 1990.* Hamburg / Berlin 1994

REHBERG, MAX: *Zur Geschichte der Dampfschiffahrt auf den märkischen und angrenzenden Wasserstraßen.* In: *Schiffbau – Schiffahrt – Hafenbau (42) – (43) 1941 – 1942.*

REICHARDT, HANS J. (HRSG.): *Zwischen Oberspree und Unterhavel : Von Sport und Freizeit auf Berlins Gewässern.* Ausstellungskataloge des Landesarchivs Berlin 3. Berlin 1985

ROOK, HANS-JOACHIM (HRSG.): *Segler und Dampfer auf Havel und Spree : Streiflichter zur Potsdamer Schiffahrtsgeschichte.* Berlin 1993

SCHUBERT, DIETER: *Deutsche Binnenfahrgastschiffe : Illustriertes Schiffsregister.* Berlin 2000

SCHUBERT, DIETER UND HELGA: *Fahrgastschifffahrt in Berlin.* Erfurt 2007

SCHWARZ, BERND: *Binnenschiffe zwischen Ostpreussen und Schlesien : Versuch eines historischen Verzeichnisses maschinengetriebener deutscher Binnenschiffe bis 1945.* 5. Aufl. Cuxhaven 2016

SCHWARZ, BERND: *Fluss- und Binnenschiffsregister Hamburg 1885 – 1975.* Unveröffentlichtes Manuskript

TROST, HEINZ: *Zwischen Havel, Spree und Dahme : Aus der Geschichte der Berliner Fahrgastschiffahrt.* Wesselburen / Hamburg 1979

TROST, HEINZ: *Stern und Kreisschiffahrt : 100 Jahre: 1888 – 1988.* Lauenburger Hefte zur Binnenschiffahrtsgeschichte 5.

TROST, HEINZ: *Berlins letzter Passagierdampfer kommt wieder in Fahrt : «Kaiser Friedrich».* In: *Dampferzeitung 1993 (21),* Heft 5, S. 2–13

WACHS, REINER: *Die Dampfer der ersten Dampfschiffahrtsgesellschaft auf Elbe und Havel.* Rostock 1975

Schiffsnamensregister

Flottenparade anlässlich des Aufstiegs des 1. FC Union Berlin in die Bundesliga zum Stadion „An der Alten Försterei" am 29. Mai 2019 vor der Oberbaumbrücke (v.l.n.r.): **VIKTORIA** (→ **SCHARNHORST** S. 87), **ALEXANDER VON HUMBOLDT** (→ S. 127), **HELGARD** (→ S. 122) und **VERA** (→ S. 134).

ERNST REUTER